...cembre 2009.
...ous Hugues [illegible]

DANS L'OMBRE
DE RACHIDA

JAMAL DATI

Entretiens avec Xavier Béméroso

DANS L'OMBRE DE RACHIDA

calmann-lévy

Les noms de certaines personnes citées dans ce livre
ont été modifiés

ISBN 978-2-7021-4031-4

« J'ai du mépris pour ces livres à charge qui ont recours aux témoignages sous anonymat. »

Rachida Dati,
Journal du dimanche,
7 mars 2009.

Préface

Défendre Jamal Dati a été et reste pour moi un exercice difficile. Non pas en raison des faits qui lui ont été reprochés, ni des procédures à mener, mais de l'incroyable intérêt médiatique dont a fait l'objet ce jeune homme, au parcours pourtant si tragiquement commun pour l'avocat pénaliste que je suis.

Ma première rencontre avec Jamal a lieu en août 2007, quelques jours avant que la cour d'appel de Nancy ne rende son arrêt par lequel elle devait le condamner à une année d'emprisonnement.

J'étais en vacances pendant le mois précédent et je n'ai pas du tout pris la mesure du déferlement médiatique qui a accompagné la comparution de Jamal Dati à Nancy le 17 juillet 2007. Une telle comparution, précisément le jour où le nouveau garde des Sceaux, sœur du prévenu, présente son projet de loi contre la récidive, cela a de quoi attiser la curiosité des médias. Lorsque je me présente à la cour, j'ai l'impression étrange d'être submergé par une vague de micros et de caméras.

Quand la décision tombe, je suis abasourdi…

Un an d'emprisonnement ferme se substitue aux six mois de sursis avec mise à l'épreuve !

Une disproportion rarement constatée, un écart inexplicable : Jamal, le seul parmi les cinq prévenus à n'avoir pas été condamné à une peine de prison ferme en première instance, est au bout du compte le plus sévèrement sanctionné ! Avec l'accord de Jamal, nous prévoyons un pourvoi en cassation.

Dès mon retour au bureau, mon téléphone sonne. Mon interlocuteur m'indique qu'il vient d'avoir « des sœurs de Jamal » en ligne. Celles-ci exigent que je contacte la presse pour démentir le fait que nous allons nous pourvoir en cassation. « On » m'explique que Jamal ne souhaite pas prolonger cette procédure, qu'il doit accepter cette décision, qu'il en va de l'intérêt de sa sœur. « On » m'indique enfin que l'« on » souhaite que ce démenti soit fait de toute urgence, dans la mesure où ma déclaration fait les gros titres sur LCI.

Les ennuis commencent…

Déboussolé, je rappelle Jamal Dati, qui me confirme que plusieurs de ses sœurs l'ont appelé pour lui demander de retirer son pourvoi. Souhaite-t-il vraiment arrêter là son combat judiciaire ? Ce sont ses « frangines » qui l'exigent, mais lui entend se battre et, par conséquent, maintenir sa procédure, me dit-il.

Je constate alors que mon interview, qui était depuis près de deux heures le gros titre de la chaîne d'information continue, disparaît subitement des programmes...

Je revois Jamal tous les jours après le verdict. Je découvre un garçon charmant, respectueux, sensible, très loin de l'image d'Épinal de dealer de quartier qui est maintenant la sienne dans l'opinion publique. Il est catastrophé à l'idée de retourner en prison avec son étiquette de frère de la ministre qui met en œuvre le programme de remplissage extrême des établissements pénitentiaires les plus infâmes (ou presque) des pays de l'Union européenne ; il est catastrophé à l'idée qu'il va perdre son emploi après plusieurs années de stabilité ; il est catastrophé à l'idée de se retrouver confronté au quotidien de la drogue et de la violence de la taule. « Mes sœurs, elles ne comprennent pas, répète-t-il, tout ce qu'elles voient, c'est la réussite de Rachida. Moi, si je me fais égorger en prison, on s'en fout, tant que ça fait pas d'ombre à ma sœur. De toute façon, ça a toujours été comme ça pour moi, j'ai fait des conneries quand j'étais jeune et depuis... »

Jamal Dati a l'impression que tout s'écroule, il finit par se voir comme une victime collatérale de la guerre qui commence à poindre entre la magistrature et sa sœur. Il perd presque de vue sa propre responsabilité pénale dans ces faits anciens, qu'il a mis loin derrière lui, tant il a le sentiment que personne ne veut entendre parler des efforts énormes qu'il a fournis, seul, depuis de très longs mois, pour sortir de l'enfer de sa toxicomanie, pour se mettre au travail et se construire une vie sociale et familiale.

La notoriété, Jamal s'en moque. Il ne l'a pas demandée, au contraire, il la subit.

Il aime sa sœur, il l'admire, mais sa popularité lui revient en pleine figure, ce qu'il ne parvient pas à gérer. Dans son village, dans son quartier, il est bien vu. Un gars simple, sans histoire, discret, qui bosse beaucoup, qui élève son gosse. L'opinion publique, elle, est en train de le lyncher, sans savoir, sans comprendre, sans connaître…

Deux jours après le verdict, je suis contacté par un journaliste de l'émission *Sept à huit* qui souhaite faire un portrait de Jamal Dati. Je réponds immédiatement qu'il n'en est pas question. Jamal n'est pas une bête de foire et je refuse de laisser mon client devenir le faire-valoir de sa sœur, son extrême inverse, celui qui, par son destin chaotique, renforce a contrario le côté exceptionnel et hautement symbolique de la réussite de Rachida.

Mais Thierry Demaizière, journaliste chargé de « confesser » des « personnalités », me convainc. Il ne souhaite aucunement faire du sensationnel à bon marché. J'accepte finalement de transmettre la proposition à Jamal. La rencontre se concrétise. Le portrait doit être diffusé le dimanche suivant.

Dès le lendemain matin, en vingt minutes, deux techniciens transforment mon bureau en studio d'enregistrement, et j'assiste à cette interview dont je serai, finalement, le seul et unique spectateur. Émouvant, juste, honnête, voilà, à mon sens, les trois mots qui résument le mieux ce document. Fin de la matinée, Thierry Demaizière conclut : « Merci pour tout, c'est vraiment un super truc, mais on doit filer parce qu'on doit aller interviewer Mme Courjault pour faire un sujet de secours. » Un sujet de secours ? Pourquoi ? « On a quand même de grandes chances de se faire "trapper" le sujet, et si on m'interdit de le diffuser, il me faudra un sujet de secours. »

C'est un vrai pro, Demaizière, il connaît bien son travail et le milieu dans lequel il évolue, puisque le samedi 25 août 2007, en fin de matinée, il m'appelle et me dit qu'il est désolé mais que le sujet sur Jamal est « trappé », interdit de diffusion. Motif officiel invoqué par TF1 : pas d'actualité…

Jamal réapparaît dans ma vie plusieurs mois plus tard.

Il m'explique qu'il a décidé de retirer son pourvoi en cassation parce que c'est mieux pour lui et pour sa sœur, que la pression familiale est beaucoup trop forte.

Nous allons donc suivre une procédure d'aménagement de peine. Le dossier est excellent et nous passons début 2008 devant le juge d'application des peines. Jamal obtient de travailler la journée, et dort en prison la nuit. On le contrôle régulièrement pour vérifier qu'il ne touche plus à la drogue.

Fin 2008, Jamal m'appelle sur mon portable. « Pouvez-vous me mettre en relation avec un éditeur ? Je voudrais écrire un bouquin sur cette histoire. » Cela ne me semble pas une très bonne idée, ça va lui attirer des ennuis. Il insiste. Dès le lendemain matin, il me rappelle : « À qui avez-vous parlé de mon projet de livre ? – Mais à personne, je n'ai même pas eu le temps d'y penser. » Jamal ne comprend plus rien. Une demi-heure à peine après qu'il m'a parlé de ce projet confidentiel, certaines de ses sœurs l'ont appelé pour lui demander s'il était vrai qu'il souhaitait écrire un livre. Elles ont ajouté que si tel était le cas, il devrait s'abstenir… Sinon, il pourrait bien retourner en prison. Jamal est complètement paniqué.

Il n'y a qu'une seule explication possible : notre conversation a été écoutée. Par qui ? Pour quoi ? Qui est sur écoutes ? Lui ? Moi ? Les deux ? Comment, dans une démocratie, peut-on écouter les conversations entre un avocat et son client ? Comment peut-on dire à quelqu'un : « Si tu écris un livre, tu pourrais bien aller en prison » ?

Début 2009, un journaliste, Xavier Bénéroso, prend contact avec moi à propos de certains de mes dossiers. Au détour de notre conversation, je lui parle de Jamal Dati et de son idée. Cela l'intéresse. Il a en tête le nom d'un éditeur, mais celui-ci reste sceptique. Cette maison ne publie pas des livres racoleurs ou des témoignages « trash ». Ça tombe bien, ce n'est pas le projet de mon client. J'organise un rendez-vous à Nancy. Autour de la table, Jamal, le journaliste, l'éditrice et moi. Nous tombons tous d'accord : pas de pamphlet, mais un document sur l'univers de la cité, de la drogue, de la prison... Et un portrait contrasté de la famille Dati. Comment la même naissance et la même éducation peuvent-elles engendrer à la fois une réussite exceptionnelle et une plongée dans l'enfer de la drogue et de la délinquance...

Début mars, une proposition de contrat est adressée à Jamal.

Le hasard veut que, le 18 mars 2009, je sois convié à une réception, place Vendôme à Paris, au ministère de la Justice. La garde des Sceaux y remet des décorations à de brillants acteurs de la vie judiciaire française, en présence de nombreuses personnalités du monde judiciaire. À 19 heures, je présente ma carte d'invitation à l'entrée du ministère et je suis orienté vers une très grande salle dans laquelle un parterre de parlementaires, anciens ministres, hauts magistrats, célèbres avocats et vedettes du « show-biz » attend l'entrée de la sœur de Jamal.

La cérémonie officielle commence… À peine a-t-elle débuté que je reçois un SMS de Jamal, affolé : il ne retrouve plus le contrat d'édition.

Fin de la cérémonie officielle, début du cocktail. On vient me trouver : « Vous êtes maître Berna ? Suivez-moi, madame la ministre veut s'entretenir avec vous. » Avec moi ? Pourquoi ? Fébrile, je suis un homme en costume-cravate noir à l'allure de vigile de boîte de nuit chic. À ce moment passe à côté de moi un magistrat que j'ai « affronté » à la barre de tribunaux correctionnels et de cours d'assises. Il me salue. « Alors, maître Berna, on a rendez-vous avec le Bon Dieu… »

Je me rappelle avoir descendu un ou deux étages par un petit escalier en colimaçon. Une porte imposante. Mme Dati est là. La ministre m'invite à pénétrer dans une très grande pièce. Elle se tient debout derrière son immense bureau.

Débute une conversation assez surréaliste, dont le contenu ne cesse encore aujourd'hui de m'étonner.

« Maître Berna, si j'ai souhaité vous rencontrer, c'est parce que j'ai reçu une note qui m'apprend que vous êtes en train de négocier un contrat d'édition pour mon frère Jamal.

– Qu'est-ce qui vous permet de dire cela, madame la ministre ? osé-je.

– J'ai une copie du contrat d'édition, il y a votre nom dedans… »

Je n'en crois pas mes oreilles ! Jamal vient de perdre son contrat d'édition et… Et puis surtout, elle bluffe ! Dans ce contrat – je le connais par cœur pour l'avoir négocié –, mon nom ne figure pas. Elle bluffe…

Mes craintes refluent. La garde des Sceaux ne sait pas tout.

En fait, Rachida Dati a peur. Peur, comme l'Élysée, me confie-t-elle, que son frère ne publie un livre à charge contre elle juste avant les élections européennes, qui doivent se dérouler quelques semaines plus tard.

Elle me soumet à la question. Elle veut savoir qui publie. Quel est le nom du journaliste, qui écrit ce livre avec son frère… Je lui oppose respectueusement le secret professionnel : si je savais quelque chose, je trahirais mon serment d'avocat en le lui révélant. Mais je lui assure que son frère n'a aucunement l'intention de publier un livre hostile. Je le lui ai déconseillé. Je sais qu'en cas de polémique, la parole d'un ex-taulard toxico n'aura aucune valeur face à celle d'une ministre.

Elle m'indique alors : « Vous n'ignorez pas que mon frère a déjà été interné en hôpital psychiatrique, s'il faut qu'il y retourne… »

Cette phrase laissée en suspens me glace. Puis me met en colère. S'agit-il d'une menace ?

Plus douce, madame la ministre me glisse alors que si finalement j'apprenais quelque chose, je pourrais toujours la joindre, « on » va me donner des numéros de téléphone ; elle peut faire n'importe quoi pour moi…

C'est une extraordinaire satisfaction que de répondre que je n'ai besoin de rien – ce qui est vrai. Puis de me raviser en lui disant que si la garde des Sceaux pouvait faire en sorte que l'on cesse d'écouter mes conversations téléphoniques, cela me ferait le plus grand plaisir. Elle m'assure qu'à sa connaissance, on ne m'a jamais fait écouter, mais que je peux saisir la commission si j'ai un doute. Je choisis de la croire sur parole…

J'ai souvent cru que jamais vous ne liriez ces lignes. J'ai souvent pensé que Jamal céderait aux intimidations destinées à le faire taire.

Il a bravé tout cela pour vous livrer ce témoignage unique et sans concession sur lui-même : une confession courageuse dans laquelle il démontre qu'un délinquant peut être et redevenir un type bien. Dans laquelle il parle de la vie dans une cité, de la réalité du trafic de stupéfiants, de ce qui se passe derrière les barreaux de la plupart de nos prisons.

Préface

Ce livre est un document. Chaque lecteur pourra ouvrir les yeux sur un monde dont on lui parle beaucoup, mais duquel il ne connaît finalement rien ou presque, sauf à en être un acteur et n'avoir donc jamais droit à la parole.

Jamal nous parle de ce que sa sœur, Rachida, a semblé ignorer superbement durant son passage place Vendôme ; de ce que nous, avocats, magistrats, greffiers, surveillants de prison, acteurs du monde judiciaire au quotidien, avons essayé de lui faire entendre… Vainement.

Jamal n'est pas allé farfouiller dans la garde-robe de sa grande sœur. Mais il raconte la vie des Dati et donc, celle de Rachida. Sans fard. Sans paillettes ni merveilleux sourires pour la télévision.

Lisez. Écoutez. Vous jugerez après.

Maître Frédéric Berna,
avocat de Jamal Dati,
Nancy, 10 septembre 2009.

Avant-propos

En démocratie, tout le monde a le droit à la parole, dit-on. Tout le monde ? Sauf Jamal Dati. Il valait mieux qu'il se taise. « Sauvageon », interné en milieu psychiatrique, mineur délinquant récidiviste, trafiquant de drogue, taulard. Le « frère de » a tout pour déplaire. Toutes les raisons de reprendre à son compte l'expression de sa sœur Rachida, « ma vie n'est pas un conte de fées ». À 37 ans, ce père de famille, ouvrier spécialisé, a beaucoup enduré. La mort de sa mère, qui le hante, un divorce, une réinsertion compliquée, et sa guerre personnelle contre sa toxicomanie. Juillet 2007, Jamal Dati est projeté à la une de l'actualité. La France découvre le frère trafiquant de drogue de la garde des Sceaux. Qu'importe qu'il ait décroché ! Que la justice en guerre contre Rachida – Jamal en est persuadé – règle ses comptes sur le dos du frère de la ministre ! Il retourne « à l'ombre ». La réputation de la petite Cendrillon des banlieues, icône républicaine des Beurettes, est souillée. Le clan Dati se mobilise pour gommer « l'imperfection ». Jamal doit rester aux oubliettes. Il envisage un livre ? La garde des Sceaux ordonne le silence en convoquant de force dans son bureau, place Vendôme, l'avocat de Jamal. C'est la loi du clan : Rachida orchestre la vie privée des Dati. Elle expose sa famille, selon son bon plaisir, pour ne pas dire selon son intérêt. Même si ce n'est pas l'intention de Jamal, le témoignage de son frère risque de déchirer cette exposition fabriquée.

Mais le vrai malentendu réside ailleurs. Rachida Dati aura surtout raté un rendez-vous fraternel qui l'aurait peut-être aidée dans ses décisions politiques. Chargée de la prévention de la délinquance aux côtés du candidat Sarkozy, elle aurait eu la possibilité d'entendre son frère, ancien mineur délinquant multirécidiviste, se révolter contre l'incarcération des jeunes dès 12 ans. Ministre de la Justice en charge des prisons, elle aurait pu recueillir un témoignage « de première main » sur le milieu carcéral. De manière plus générale, le parcours de Jamal Dati constitue surtout un contre-exemple vivant face à tous les politiques qui dénoncent le laxisme des parents d'enfants délinquants. À chaque « bêtise », Jamal a en effet été sévèrement corrigé par son père. La police est intervenue. La justice aussi. En vain. Jamal Dati s'est enfoncé dans la délinquance. Dans la destruction des autres – avant d'entamer la sienne.

L'autre constat de Jamal Dati n'est guère réjouissant : derrière la France qui se lève tôt, il existe aussi l'Hexagone de la défonce. Des adolescents qui dealent désormais des drogues dures, des consommateurs « accros » de plus en plus jeunes, des villages où l'on peut facilement trouver de l'héroïne, et une prise en charge imparfaite des toxicomanes. Qui s'en soucie ?

Jamal Dati n'est pas un démon. Ni un saint. À l'écouter, on mesure la difficulté du combat mené par sa grande sœur pour gagner son existence de femme libre, émancipée, loin de l'étouffant carcan familial, dominé par l'écrasante figure du pater familias.

Jamal Dati aurait rêvé d'un autre poste ministériel pour Rachida. Il pense que Nicolas Sarkozy a instrumentalisé sa sœur. Son garde des Sceaux préféré s'appelle Élisabeth Guigou. Il a de l'estime pour Olivier Besancenot. Cela lui semble assez normal. « Dans la famille, on a toujours été de gauche, avant. »

À part ça ?

Malgré une relation fraternelle complexe, Jamal Dati aime sa sœur. Un amour sincère. Il a le droit de sortir de l'ombre. De l'ombre de Rachida, de celle de son père. De l'ombre qu'il s'est lui-même fabriquée.

Xavier Béneroso, ancien rédacteur en chef adjoint de RTL chargé de la chronique judiciaire.

Chapitre 1

INTIMIDATION

« Directeur de l'information de TF1, Robert Namias a confirmé à l'AFP une information publiée sur le site de l'hebdomadaire *L'Express*, selon laquelle TF1 avait renoncé à diffuser un entretien avec Jamal Dati, condamné le 21 août à douze mois de prison ferme pour trafic de stupéfiants, dimanche 26 août, dans son magazine d'actualité hebdomadaire *Sept à huit.* »

AFP, 28 août 2007.

Écrire un livre ? Quand j'en ai parlé avec ma compagne Maïlys, le projet nous a paru énorme. C'est au moment de mon affaire, en août 2007, que l'idée a germé. Jusque-là, je n'ai jamais contesté la justice. J'avais déjà été condamné à trois ans de prison, dont dix-huit mois ferme, pour avoir trafiqué de l'héroïne. C'était justifié. Mérité, pour mes « conneries ». Mais l'arrêt de la cour d'appel de Nancy qui me condamne à un an de prison ferme me déprime : les magistrats règlent leurs comptes sur mon dos parce que je suis le frère de la ministre, alors qu'il y a des années que je ne touche plus à la came ! J'ai un boulot. Une compagne que j'aime.

Un petit garçon et deux filles adolescentes. Une vie que je m'efforce de reconstruire, avec l'aide d'une psy. Malgré tout, je suis retourné en taule en semi-liberté, avec, comble de l'ironie, une sœur ministre de la Justice.

J'ai longtemps discuté du projet de mon livre avec maître Frédéric Berna. Un type bien, qui n'est pas seulement mon avocat, mais qui a su prendre de mes nouvelles même lorsque mon affaire était terminée. « Réfléchis bien. Il ne faut pas prendre ça à la légère ! » me dit-il. J'aborde le sujet avec ma compagne. Elle doute. « C'est mieux que tu restes dans ton coin ! Arrête de faire parler de toi. »

Moi, j'en ai vraiment envie. Mais rien ne presse. Et puis, un jour, mon défenseur m'envoie un texto. « Faut qu'on s'appelle. J'ai peut-être trouvé un éditeur. » On envisage le projet. Je suis le frère d'une personnalité. J'ai eu un parcours difficile. Cela peut intéresser les gens. Je parle également de cette idée à ma psy, que je consulte depuis un an. Elle m'encourage. « Si cela vous semble intéressant, pourquoi pas ? Ce serait peut-être pour vous une sorte de thérapie. »

Pour lever toute ambiguïté – et parce qu'on va vous le reprocher –, avez-vous fait ce livre pour l'argent ?

Ce livre n'est pas une histoire de gros sous. Je ne connaissais même pas le principe de l'à-valoir *[avance sur les ventes consentie par l'éditeur]*. Certes, je vais gagner de l'argent, mais ce n'est pas ma motivation première. Je souhaite simplement raconter ma vie. Je ne suis pas là à ressasser : combien je vais toucher ? Comment cela va se vendre ? En novembre 2007, ma sœur Rachida m'avait inscrit cette dédicace personnelle, sur l'un de ses ouvrages : « En espérant que ce livre te fasse réfléchir. » Aujourd'hui, j'ai envie de lui écrire la même chose. Que ce livre te fasse réfléchir à ta manière d'être en famille, à ta manière de te comporter vis-à-vis des autres, de faire de la politique. C'est dit sans aucune méchanceté, mais avec de l'amour et du respect.

Mais on va vous dire que vous cherchez à vous faire de l'argent sur le dos de votre sœur !

Ça n'a rien à voir. Je ne me focalise pas sur ma sœur. Ce livre parle de ma vie en général, et l'une de mes sœurs, Rachida, en fait partie. À vrai dire, j'espère surtout que le bouquin va être utile pour moi, et va me permettre de recadrer certaines déclarations publiques. Un exemple ? Lorsque ma sœur Rachida a parlé de « dégringolade » à mon propos, certains se sont peut-être imaginé qu'elle s'est occupée de moi. Or c'est faux. Lorsque les choses ont commencé à aller mal, elle s'est contentée de me faire interner !

Je ne veux ni en rajouter ni mentir. Je suis là pour raconter ma vision de ma famille, mon existence. Rachida ? C'est elle qui m'a installé dans la vie professionnelle, je lui en suis reconnaissant. C'est grâce à elle que j'ai un boulot. Alors, régler mes comptes ? Non. Cela ferait un peu le mec qui a une dent contre sa sœur. Je préfère dire « recadrer ». Ma sœur, je l'aime. Je suis vachement famille dans ma tête, même si j'ai le sentiment d'avoir été rejeté. Mais il y a des choses qui m'ont déplu. Que ma sœur affirme dans les médias que je suis fragile alors qu'elle ne sait pas où j'en suis. Oui, j'ai été fragile. Je ne le suis plus. Est-ce qu'elle sait où j'en suis réellement de ma toxicomanie ? J'en doute.

Est-ce que vous ne vous confiez pas dans ce livre aussi parce que, lorsque vous vous êtes exprimé à la suite de votre condamnation par la cour d'appel de Nancy, vous avez été « censuré » ?

J'avais accordé un entretien à l'émission *Sept à huit* sur TF1. On m'avait interrogé sur ma « descente aux enfers », ma toxicomanie, mes trafics, le décès de maman. Ma vie, quoi ! C'était émouvant, paraît-il, selon les journalistes à l'origine de ce reportage. À propos de ma sœur, je disais simplement que cela faisait longtemps qu'elle m'avait « zappé » ! Dans la famille, personne ne savait que j'avais accordé cette interview, sauf ma sœur Malika, qui m'a dit immédiatement que je n'aurais jamais dû me confier aux médias.

Une semaine après l'enregistrement, j'apprends que le reportage ne passera pas. Le journaliste, Thierry Demaizière, me contacte. Il y a « sans doute quelqu'un qui a fait pression » – selon ses termes – pour que l'entretien ne soit pas diffusé sur la chaîne. À mon avis, c'est une personne proche de ma sœur. Elle a dû en toucher un mot pour que l'on ne diffuse pas le sujet.

Cela vous a étonné ?

Oui. J'aurais bien aimé qu'on le diffuse, ce reportage. Il n'y avait aucune raison de me censurer. Peut-être ma sœur a-t-elle cru que j'avais dit une bêtise ? Alors que je ne révélais aucun secret ! Je parlais de ma vie, de ma famille. Par la suite, j'ai rencontré Florence Aubenas, pour *Le Nouvel Observateur*, qui a réalisé un petit reportage à la maison[1]. Et puis j'en ai eu assez de la publicité. Terminé, les reportages !

De quoi votre sœur aurait-elle eu peur, selon vous ?

Je ne sais pas. Elle s'alarme, elle s'agite pour rien. Elle se prend à son propre piège. Le fond de l'histoire, c'est qu'avant ma comparution devant la cour d'appel de Nancy, je n'étais déjà plus ni un trafiquant ni un toxicomane. Alors ?

Pourquoi n'a-t-elle pas pris ma défense en disant, oui, autrefois mon frère a fait des conneries, mais aujourd'hui, il a décroché, il s'est réinséré, il a un boulot… Si je prenais encore de l'héro, si je tra-

1. *Le Nouvel Observateur*, 16 août 2007.

fiquais encore, j'aurais compris. Je me serais dit, je ne veux pas la salir. Mais j'ai tout fait pour m'en sortir ; elle m'a blessé.

Est-ce que vous pensez que votre sœur a eu honte de votre passé de trafiquant de drogue ?

Oui. Je l'ai senti lorsqu'elle a pris ses fonctions au ministère de la Justice. Déjà, lorsqu'elle est devenue juge, je ne pouvais plus la joindre sur son téléphone. Fallait plus que je l'appelle ! Si j'avais besoin de quelque chose, je devais demander à mes sœurs qu'elles fassent la commission à Rachida. Et si j'avais le malheur de lui téléphoner, elle me raccrochait au nez, parce que j'étais son « frère délinquant ». Elle m'a enterré ! Pas question de me convier – comme les autres – à la garden party de l'Élysée. Mais lorsque Rachida a voulu exhiber sa famille dans l'émission de Mireille Dumas, sur France 3, elle a fait des pieds et des mains pour que je vienne.

« Faut absolument que tu participes ! a exigé une de mes sœurs.

– Jusqu'à présent, Rachida m'a toujours caché, ai-je répondu.

– Mais tu dis n'importe quoi ! Faut que tu viennes. C'est Rachida qui le veut. »

J'ai refusé. Je n'ai pas regretté. Je n'ai pas envie d'être la poupée que l'on prend et que l'on jette.

Pour revenir au livre : a-t-on tenté de vous décourager ?

Lorsque j'ai contacté l'une de mes sœurs pour évoquer ce projet, la première réaction a été sans appel : « Je te le déconseille. Faut faire attention. » J'ai mis ça sur le compte de sa peur des médias, de l'interprétation journalistique.

Quinze jours après, les choses avaient bien avancé. Le lundi, les contrats de la maison d'édition sont déposés dans ma boîte aux lettres. Alors que personne n'est informé de ce courrier, bizarrement, le soir même, je reçois une vingtaine de coups de fils de ma famille : « Ne fais pas ce livre. Papa est en colère. Rachida aussi ! » Plus tard, nouvel ultimatum. Une sœur me menace : « Attention, Rachida est en colère ! Tu n'as pas intérêt à faire ce livre. Tu n'as pas à vendre ta famille ! » L'un de mes frères m'avertit à son tour : « Ne le fais pas. Tu n'as pas besoin de ça ! » Enfin, un autre intervient, sur un ton assez sec : « Si tu écris ce livre, ce n'est même pas la peine ! » Sous-entendu, la famille va couper les ponts avec moi.

À la fin, je ne décrochais même plus. Leurs messages disaient tous la même chose : ne signe pas.

Et puis est arrivé le mystère des contrats.

J'avais planqué mes contrats d'édition à la maison, dans la chambre de mon fils, où j'ai un petit carton réservé à mes papiers administratifs. Un soir, de retour du boulot, je m'aperçois que l'original a été mélangé à des photocopies. Ma compagne, désemparée par mon projet et déstabilisée par les menaces provenant de ma famille, a donné la copie des contrats à ma sœur, passée à mon domicile en mon absence.

Mes sœurs avaient intimidé Maïlys. « Si Jamal écrit ce livre, il va perdre Noah *[le fils de Jamal Dati et de sa concubine actuelle]* et son emploi ! On l'attaquera en diffamation. On ira chercher les meilleurs avocats. Et il retournera en prison. » Maïlys en pleurait. Elle était livide.

La visite en mon absence de Malika est d'autant plus surprenante qu'elle vient très rarement à mon domicile. Elle s'est déplacée une fois ou deux en l'espace de deux ans et demi depuis que j'habite ici, à Piennes, près de Longwy. Comme elle réside à Nancy, elle doit faire une heure de route. Ce n'est pas rien… La dernière fois qu'elle a débarqué à la maison, c'était en août 2007, pour exiger que j'arrête mon combat judiciaire en cassation. Comme le souhaitait Rachida, ministre de la Justice.

Toutes ces menaces – surtout celles concernant mon boulot – ont fini par me faire douter. Est-ce qu'on peut se faire licencier parce qu'on se raconte dans un livre ? Face à quelqu'un qui a le bras long, on ne sait pas ce que qui peut arriver ! Je suis devenu un peu parano. Ce n'était pas possible que Rachida me fasse perdre mon emploi, alors qu'elle l'avait elle-même trouvé. Elle savait très bien que si je perdais mon travail, je perdais tout. Je ne pensais pas qu'elle était capable de faire cela, mais j'ai paniqué. Cela a pris des proportions pas possibles dans ma tête. J'ai envisagé la possibilité que Rachida passe des consignes à mon patron… Du genre : « Menacez-le ! S'il fait son livre, virez-le ! »

Au final, avez-vous pensé à reculer ?

Oui. J'ai douté. J'ai pensé tout laisser tomber ! Après tout, pourquoi faire ce livre ? J'ai pensé à ma famille, qui s'emportait pour un oui ou pour un non. D'un autre côté, j'ai tout de même le droit de raconter ma vie ! Je ne comprenais pas toutes ces menaces. Elles me semblaient disproportionnées. Lorsque j'ai appris que le manuscrit avait disparu du bureau de mon éditrice, ça a été encore pire dans ma tête ! J'ai à nouveau douté. Des gens ont commencé à accuser ma frangine, alors que je ne pense pas qu'elle l'ait volé ! Qu'on salisse ma sœur sans preuve, je n'aime pas trop ça. Je ne vois pas Rachida – c'est tout de même un délit, et c'est assez grave – envoyer des gens qu'elle connaît pour récupérer le manuscrit ! Risquer d'être discréditée à cause d'une connerie pareille ? Sa carrière pour un livre ? Je ne pense pas qu'elle irait jusque-là. Après la disparition du manuscrit, j'ai réellement pensé à tout arrêter. Je ne voulais pas qu'on la salisse à travers moi.

Il y avait surtout une question qui me hantait. Comment ma famille a-t-elle su que j'avais reçu les contrats ? Est-ce que j'étais sur écoutes téléphoniques ? Je ne m'interrogeais pas par hasard. Il y avait eu plusieurs épisodes étranges, dont l'un plus que les autres. Longtemps auparavant, un jour, à 11 h 30, maître Berna, mon avocat, me téléphone : « Jamal, pour le livre, j'ai peut-être trouvé une maison d'édition… Mais on verra plus tard. » On se parle quinze minutes. À midi, soit une demi-heure plus tard, une de mes sœurs m'appelle : « Tu vas faire un livre ? »

Je suis abasourdi. Une demi-heure après le coup de fil avec mon avocat ! Comment le sait-elle ? Pour en avoir le cœur net, je rappelle maître Berna. « Maître, vous avez divulgué notre projet ? Vous avez pris contact avec des éditeurs à Paris ? » Sa réponse est négative. Maître Berna craint lui aussi que je sois surveillé…

Par qui ? Pour quoi ? Je l'ignore. À l'époque, c'est essentiel de le souligner, pas une ligne n'était rédigée. Le livre n'existait qu'à l'état de projet. J'ai tenté de ruser. J'ai répondu à ma famille que j'abandonnais. Ça s'est calmé. Comme nous étions persuadés d'être « espionnés », mon avocat et moi avons décidé de nous appeler uniquement depuis des cabines téléphoniques. On l'a fait deux, trois fois.

Il y a eu un autre épisode bizarre, le lendemain d'une conversation discrète avec mon éditrice.

Elle avait trouvé un hôtel en Bourgogne pour préparer le livre. J'avais pris des jours de RTT. Quelques heures plus tard, j'ai reçu un message inexplicable de l'une de mes sœurs… « Alors tu vas aller écrire ton livre à la campagne ce week-end ! » Étrange, non ? Le jour même où j'ai pris le train pour commencer les entretiens, je me suis fait contrôler à la gare de l'Est, à 8 h 55, par des douaniers. Tous les passagers ont quitté le train tranquillement. Moi, non. Arrivé sur le quai, je me suis fait taper sur l'épaule.

« Monsieur, vous venez d'où ? Vous allez où ? »

J'ai donné mes billets de train, sur lesquels figurait ma destination finale. Ils ont fouillé mon sac. J'ai décliné mon identité. Ils ont immédiatement fait le rapprochement. J'étais mal à l'aise. Ils m'ont demandé si je possédais une arme ou des produits stupéfiants. De quoi devenir parano !

Un instant, je me suis demandé s'ils n'allaient pas me demander de les suivre, ce qui m'aurait fait rater ma correspondance. J'ai eu peur. Finalement, ce n'était peut-être qu'une simple coïncidence. Les contrôles sur les passagers en provenance du Luxembourg sont assez fréquents sur cette ligne, paraît-il. Mais c'était curieux ! D'autant plus que deux heures plus tard, alors que j'allais prendre le second train, gare de Lyon, ça recommençait – et vous étiez là. *(Rire.)* Nouveau contrôle sur le quai, devant mon train ! Quatre policiers avec un chien.

Ça n'a pas loupé : ils nous ont arrêtés, et ils m'ont dit : « Le chien a marqué ! » *[Il a senti quelque chose.]* Les policiers ont ouvert mes bagages. La fouille n'a rien donné. Là encore, je veux bien croire… au hasard de la vie.

Chapitre 2

L'AFFAIRE

« Quand mes frères ont eu des histoires, je n'ai pas compté un seul soutien à l'UMP, pas un seul au gouvernement. »

Rachida Dati, *L'Express*, 5 juin 2008.

« Jamal Dati est un frère dont Rachida Dati n'est pas particulièrement proche. »

Communiqué de la chancellerie, *Le Parisien*, 13 juillet 2007.

Avant la présidentielle de mai 2007, alors que les rumeurs commencent à circuler, je n'ai aucune envie que Rachida devienne ministre ! Mon cœur se met à battre. Holà ! elle va faire partie du gouvernement ! Je sens qu'un compte à rebours commence. Quelque chose va exploser. Je ne me trompe pas. Soudain, j'ai peur que mon passé soit dévoilé, notamment dans l'entreprise dans laquelle je travaille. Que va-t-on penser de moi ? Je viens tout juste de prendre mon poste. Les gars au boulot ignorent cette partie de ma vie. Mes employeurs ne savent rien. Pour moi, ce passé-là, c'est une honte. Je pense aux gens que je côtoie tous les jours. Je ne songe pas à l'opinion publique, à la télé, aux « gens » de Paris… Tôt ou tard, ça va sortir : Rachida a un frère délinquant. Toute ma famille pense la même chose. Ce que j'ai semé, elle va le récolter…

À quelle époque précisément ce « compte à rebours » a-t-il commencé ?

L'affaire démarre à l'hiver 2005, à Verdun, dans la Meuse. Je suis interpellé alors que je vais au boulot. Les gendarmes enquêtent sur un trafic de stupéfiants. Durant la garde à vue, les enquêteurs m'expliquent que les gendarmes sont remontés jusqu'à moi grâce aux coups de téléphone que j'ai passés à l'un des trois individus qu'ils surveillaient. La « cible » qui les intéresse, ce n'est pas moi, mais les autres dealers. Je suis interrogé :

« Est-ce que vous avez trafiqué ?

– Non, je les connais comme cela. Sans plus. J'ai déjà fumé un joint avec eux. Je suis sous traitement. »

C'est la stricte vérité. Je vois une psy. Je suis une thérapie. J'ai commencé à décrocher à partir de 2004. Il y a eu des rechutes, mais en 2006, après ma garde à vue, c'est fini ! D'ailleurs, pendant la garde à vue, les gendarmes me donnent mon traitement. Mais la conviction des enquêteurs est tout autre. Ils sont persuadés que je revends de la came. Ils ont saisi 450 grammes d'herbe au domicile d'un des dealers. Durant les interrogatoires, ils prêchent le faux pour savoir le vrai.

« Ton copain affirme que c'est toi qui l'as approvisionné ! Il y a des rumeurs dans la cité qui te désignent. » Au bout d'une journée, je suis relâché. Le dealer a avoué qu'il vendait 500 grammes d'herbe par mois.

Le vrai tournant de l'histoire a lieu un an plus tard. Le 5 avril 2006, une des personnes du réseau, qui se drogue depuis ses 17 ans, m'accuse dans le bureau du juge. Sa version ? Il fume du shit, et il a accepté de revendre de l'héroïne pour mon compte afin de financer sa consommation personnelle. L'accusation construit ensuite sa thèse : on me reproche d'aller à Maastricht, aux Pays-Bas, pour me fournir en héroïne. Et de confier parfois, à mon retour, quelques doses à des revendeurs.

C'est vrai que je vais dans cette ville, pour ma propre consommation, 15 grammes d'héro, toutes les trois semaines environ. C'est à trois heures de route de Verdun, où j'habite, et l'héroïne y est moins chère qu'en France. Le procureur et les enquêteurs reconnaissent que je ne revends pas mais que je vais me fournir pour ma propre consommation ; c'est écrit dans les documents de l'enquête.

À cette époque, c'est capital de le rappeler, ma sœur est totalement inconnue. On n'a jamais vu Rachida à la télé, ni aux côtés de Nicolas Sarkozy.

Le 28 février 2007, je comparais devant le tribunal correctionnel de Verdun pour transport, importation, cession et usage illicite de stupéfiants. Une accusation que je conteste : je n'ai pas revendu, jamais, simplement dépanné une fois ou deux des gens du réseau.

Il n'y a pas un seul journaliste à l'audience. Arrive le moment clef, dont je me souviendrai toute ma vie. Le procureur de la République se lève et dit : « Monsieur Dati Jamal, pour moi, n'est pas un trafiquant de drogue. Maintenant, connaissait-il les autres dealers ? Oui, les écoutes téléphoniques l'ont démontré. Mais on a regardé ses comptes, son train de vie. Rien. »

Je suis finalement condamné à six mois avec sursis, avec deux ans de mise à l'épreuve et obligation de soins. Les trois autres du réseau, eux, écopent de trois mois de prison ferme.

Quelques mois plus tard – après la présidentielle –, je croise Rachida à Chalon-sur-Saône, chez mon père. Ma sœur, qui vient d'être nommée au ministère de la Justice, me révèle alors que je dois à nouveau comparaître. Je ne la crois pas. « C'est impossible ! J'ai déjà été condamné ! » Mais elle maintient ses dires. « Tu vas être à nouveau jugé en juillet. Le parquet de Verdun a fait appel. »

La catastrophe annoncée par ma sœur a bien lieu. Effectivement, le parquet de Verdun a fait appel du jugement.

Le 2 mars 2007. Trois mois plus tôt.

Et je ne suis au courant de rien.

Surtout, je ne comprends plus rien. Pourquoi faut-il un second procès – en appel ? C'est pour moi un mystère incompréhensible.

Mon avocat, qui n'a pas été informé de ce rebondissement judiciaire, me demande de contacter le tribunal de Verdun. Puis, subitement, tout se complique. Ma femme tente de joindre mon avocat par l'intermédiaire de sa secrétaire, mais il est aux abonnés absents. Je finis par lui parler sur son portable. Il me dit qu'il abandonne le dossier. L'affaire prend trop d'ampleur, selon lui. Ça le dépasse. Il me laisse sur le carreau. Je remue ciel et terre pour trouver un autre avocat. Mais comme depuis mai, ma sœur est garde des Sceaux, aucun ne veut de mon dossier. Parfois, des questions financières sont mises en avant – je n'ai pas un centime. D'autres fois, il suffit que je donne mon nom pour que la réponse tombe : *niet !* La vraie raison, c'est que je suis le « frère de l'autre ». Je réussis à trouver un défenseur au dernier moment, que je rencontre quarante-huit heures avant l'audience.

Comment avez-vous vécu le tapage médiatique ?

J'étais effondré. Fathia, Malika, Omar, ma nièce Sânnaa m'ont soutenu dans cette épreuve. Quelques jours avant l'audience, le 13 juillet, la presse a tout dévoilé et s'est déchaînée.

L'horreur ! Je m'en souviens comme si c'était hier. Lorsque c'est sorti, j'étais au boulot. Mon chef a apostrophé mon collègue : « Écoute RTL ! » Dans le camion, il a allumé la radio. Immédiatement, j'y ai pensé. Mon collègue m'a interpellé :

« On parle de toi !

– On parle de moi ?!

– Tu as fait du trafic de stupéfiants. Tu vas passer au tribunal. »

Il était 11 h 30. À midi, j'ai quitté le travail. Je suis rentré chez moi. J'ai tout débranché. Mon chef – un mec très bien, très correct – n'arrêtait pas de me téléphoner. Pour me rassurer. « On s'en fout de ce qui s'est passé avant ! »

Il a cherché à me rencontrer toute l'après-midi. Le lendemain, je ne suis pas allé travailler. Ça a duré comme cela toute la semaine. Mon chef est venu à la maison : « Faut revenir ! Tu as besoin de travailler ! »

Je voulais arrêter mon boulot. Tout stopper. Si je n'avais pas eu mon travail à ce moment-là, je replongeais dans la drogue. Ma fragilité ressortait. Une expérience extrêmement douloureuse.

La veille de ma comparution, le 16 juillet, je suis passé dans le bureau de mon défenseur. Ma sœur Malika m'accompagnait, mais elle ne m'avait pas dit qu'on devait « rédiger » un article. Malika a donc fait un « compte rendu » au journaliste de *L'Est républicain* qui nous faisait face dans le bureau de mon ancien avocat. Moi, je n'ai pratiquement rien dit. Malika a précisé au journaliste ce qu'il fallait écrire. Qu'elle (Rachida Dati), c'était elle, et lui (Jamal Dati), c'était lui.

La formule « Elle, c'est elle, et moi, c'est moi » a été reprise le lendemain dans toute la presse, sur internet, à la radio, à la télé. L'autre phrase clef, c'était : « J'espère que le procès ne rejaillira pas sur ma sœur. »

Malika a fait écrire dans le journal régional un article pour affirmer que je n'avais aucune relation avec ma sœur, garde des Sceaux ! Et moi, j'ai approuvé ce mensonge. La réalité était tout autre. Un mois environ auparavant, j'avais bel et bien vu Rachida lors d'une rencontre familiale. Comme d'habitude. C'était aussi Rachida qui m'avait prévenu que le tribunal faisait appel. Le but de l'article était donc de nous éloigner au maximum, alors que nous avions des liens !

Après l'entretien, j'ai demandé à Malika : « Pourquoi as-tu raconté ça au journaliste ? » Sa réponse était sans ambiguïté : « Faut penser à ta sœur, à sa carrière, tu comprends. On est obligés de se positionner comme cela. »

J'ai eu la confirmation que la carrière politique de Rachida passait avant la vie de son frère. Elle m'avait lâché ! Il faut se rappeler le contexte de l'époque. Depuis l'arrivée de ma sœur à la chancellerie, plusieurs membres de son cabinet avaient démissionné. J'ai lu dans la presse que la « fuite médiatique » n'était pas due au hasard. Mon histoire est certainement sortie pour nuire à Rachida.

Au tribunal, devant la cour d'appel de Nancy, c'était la folie. Je revois la marée de caméras. TF1, France 2, Canal +… La totale ! Ça m'impressionnait ! Questions des journalistes. Je n'ai pas dit un mot. Je suis entré dans le palais de justice. Et j'ai attendu.

À l'audience, mon conseil a plaidé en disant que je n'étais pas un trafiquant. Il a rappelé que j'avais eu une vie un peu particulière. Il a mis en avant ma cure de désintoxication. Il a aussi parlé de la difficulté d'être à la hauteur d'un père qui avait décidé que ses douze enfants réussiraient. L'avocat général a ajouté que ce n'était pas « le frère de la sœur » qu'on jugeait. Ce sont ses propres termes ! « C'est un homme qui a eu un peu de malheur, une enfance et une jeunesse compliquées, où il fallait réussir, dans une famille où il n'y avait pas tous les instruments pour cela. »

Ses réquisitions ont été terribles. Il a réclamé de la prison ferme pour tout le monde. Et moi, qui n'avais eu que six mois avec sursis, j'ai été la cible de son réquisitoire. Il a demandé un an ferme, alors que j'avais déclaré que je n'étais plus trafiquant, mais dépendant.

La cour d'appel de Nancy n'a rien voulu savoir.

Elle m'a tué !

Un mois plus tard, le mardi 21 août 2007, la quatrième chambre des appels correctionnels de Nancy rendait son arrêt. Résultat ?

De six mois avec sursis dans le premier jugement, je passais à un an ferme ! Les trois autres, qui avaient pris trois mois ferme en première instance, étaient condamnés à six mois ferme. J'étais abasourdi ! J'étais le plus lourdement condamné. Il y avait une totale disproportion, inexplicable, entre le jugement de Verdun et celui de Nancy. Dans leur arrêt – qui motive le jugement –, les juges expliquaient qu'il ne fallait pas nous donner « un sentiment d'impunité » et que nous avions, pour certains, un casier judiciaire chargé. Mais, moi, cela faisait six ans que je travaillais. J'étais le seul dans ce cas. Cela faisait pratiquement dix-huit mois que je faisais une thérapie pour décrocher, de ma propre volonté, sans injonction de la part du tribunal. Près de deux ans que je m'étais sorti de cette « merde » ! Des examens existaient, qui pouvaient tout confirmer !

Bon, c'est vrai qu'une partie de ces justificatifs, qui montraient que je ne consommais plus de drogue, s'était perdue. Mon avocat précédent – qui a refusé de m'assister dans cette affaire – ne savait plus très bien s'il avait égaré certaines pièces ou si le tribunal lui avait rendu un dossier incomplet. Mais les magistrats de la cour d'appel avaient quand même eu entre les mains un fax de mon propre médecin affirmant que j'étais « sevré mais fragile ».

Quand on regardait en détail la motivation des juges, on ne savait plus quoi penser. D'un côté, ils affirmaient que les faits reprochés « ne pouvaient pas être banalisés » et d'un autre côté, ils poursuivaient en disant que cela « n'était pas d'une extrême gravité ». Allez comprendre ! En plus, les juges de Nancy prétendaient que le montant des peines fixé à Verdun était trop bas ! J'étais révolté. J'en voulais au monde entier. J'en voulais à la justice. À cette cour d'appel. J'en voulais à ma sœur. Si elle n'avait pas pris le ministère de la Justice, j'aurais été tranquille... Lorsqu'en 2001, j'avais été condamné à Chalon dans une première affaire pour trafic de stupéfiants, j'avais trouvé cela parfaitement normal. J'avais pris trois ans dont dix-huit mois ferme. Je n'ai jamais contesté le jugement. Cette fois, tout était radicalement différent. J'ai été traîné dans la boue.

Comment interprétez-vous ce qui s'est passé ?

Les magistrats ont « ciblé » ma sœur. Ils ont jugé « le frère de ». Le frère de Rachida Dati, garde des Sceaux. C'était un règlement de comptes entre les juges et ma sœur, et je me suis retrouvé au milieu ! Les juges se sont vengés sur moi. Je ne pense pas que ma sœur souhaitait cette peine pour moi. Les magistrats n'acceptaient pas les réformes de Rachida, la carte judiciaire, le projet de loi sur la récidive... J'ai servi de bouc émissaire. Les juges m'ont lynché et ma sœur m'a lâché.

Pourquoi dites-vous que Rachida Dati vous a lâché ? Elle n'allait pas intervenir dans votre dossier !

Elle ne m'a apporté aucun soutien. Elle aurait pu prendre le dossier, regarder ce qui s'était réellement passé.

Je ne lui ai jamais demandé d'intervenir. Elle ne l'aurait pas fait... Mais elle aurait pu prendre position publiquement ! Qu'elle dise la vérité : je me suis sorti de la drogue, je prends un traitement !

Comment a réagi votre famille ?

Pas un mot de la part de Rachida. À ce jour, elle ne m'a jamais reparlé de cette affaire. Immédiatement après l'arrêt de la cour d'appel, je voulais aller en cassation *[dernier degré de juridiction, ultime recours après la cour d'appel].* Je ne voulais pas en rester là ! Mais, là encore, Rachida ne m'a pas laissé faire. Mes sœurs ont fait pression sur moi pour que j'arrête ce combat judiciaire.

Comment s'est passé votre retour en prison, alors que votre sœur était garde des Sceaux ?

Je suis allé voir le juge d'application des peines à côté de chez moi. J'ai demandé un aménagement de peine, parce que j'avais un travail. Cela a été accordé. J'ai effectué ma semi-liberté, c'est-à-dire que la nuit, je dormais en prison, et la journée, je sortais pour aller travailler. J'ai effectué cette peine durant sept mois à la maison d'arrêt de Briey.

Évidemment, tous les détenus étaient au courant que ma sœur était la ministre de la Justice. Mais il n'y a pas eu de commentaires. Ni de la part des prisonniers ni de la part des surveillants. À côté de la maison d'arrêt de Lyon par exemple, beaucoup plus dure, où j'avais été incarcéré, le centre de détention de Briey, c'était vraiment… un centre aéré. Mes codétenus se fichaient totalement de savoir que j'étais le frère de Rachida. Ils voyaient tous les soirs mon nom sur mon casier : Dati Jamal. Je n'ai jamais eu une remarque. Je m'entendais bien avec tout le monde. J'étais à la même enseigne que les autres. Je n'ai bénéficié d'aucun privilège. La seule fois où l'on a fait référence à ma sœur, c'était lors de ma demande de libération conditionnelle. Il y a eu un article sur le sujet. Le juge d'application des peines m'a sermonné en disant que c'était inutile d'en parler dans les médias. Mais je n'avais rien à voir avec cette histoire.

Durant ma détention à Briey, j'avais la haine, mais j'ai réussi à surmonter cette épreuve. La tête haute. Par la suite, j'ai demandé et obtenu une libération conditionnelle. Jusqu'à la fin de l'année, je dois rendre compte au tribunal tous les mois. Fournir mes fiches de paie. Mes contrôles urinaires. Dialoguer avec l'éducatrice. J'ai toujours rempli mes obligations. Je leur ai parlé du livre. Fin 2009, tout sera terminé. Je vois une psy depuis un an. Cela se passe bien.

Avant cette affaire, vous estimiez la justice. Et aujourd'hui ?

J'ai changé d'avis. Je suis dégoûté. Est-ce qu'il y a vraiment une bonne justice ?

Chapitre 3

SAUVAGEON

> « Il est de notre responsabilité de ne pas laisser notre jeunesse s'ancrer dans la délinquance. »
>
> Rachida Dati,
> site internet du ministère de la Justice,
> 3 juin 2008.

Mon premier souvenir d'enfance ? Un dépotoir ! C'était au tout début de mon adolescence : j'étais au collège, j'avais 11 ans. Mes frères, mes cousins et moi, on allait « à la benne », à la cité du Bout-du-Lac, tous les week-ends. C'était notre rendez-vous pour « chiner ». Durant la semaine à l'école, on ne pensait qu'à ça : récupérer ce que les gens jetaient. Un jeu d'enfant ! Quand les voitures débarquaient, on leur courait après. On ne leur laissait même pas le temps d'arriver… On ouvrait nous-mêmes les coffres. Le principe ? Le premier qui touchait un objet en devenait propriétaire !

Il y avait mes frères, Omar et Kamal, mon cousin Rachid et trois copains de la cité. On se bagarrait. On se chamaillait. On récupérait plein de trucs, souvent des petits postes, des magnétophones. On ramassait tout et rien. Les gens se débarrassaient de leur vaisselle, de meubles, de petits radio-cassettes et de jouets. Des bricoles qui provenaient des fonds de grenier. On emportait nos trésors à la maison.

Avant mes 10 ans, je n'ai pas trop de souvenirs. À cause d'un traumatisme crânien : je suis tombé sur le coin d'une table à l'école et je me suis évanoui. Le docteur a diagnostiqué une perte partielle de mémoire. Résultat ? Certains événements de ma vie datant d'avant mes 10 ans sont flous.

Chaque année, à la fin du mois d'avril, deux jours avant le 1er mai, j'allais cueillir du muguet avec mes deux frères Kamal et Omar, dans le bois de Varennes-le-Grand, à côté de Chalon-sur-Saône. J'avais entre 10 et 13 ans. Je préparais ma cinquantaine de bouquets pour les vendre dans la cité du Bout-du-Lac, la ZUP, les Aubépins, la cité de la Verrerie. On faisait du porte-à-porte. C'est l'une des premières fois que j'ai gagné un peu d'argent. Cinq francs le bouquet.

Un autre souvenir moins bucolique ? Je rackettais les copains. Je n'avais pas de Choco BN, alors je leur piquais leur quatre-heures. *(Rire.)* Je prenais souvent des punitions à cause de ça.

Durant votre enfance, vous êtes-vous senti pauvre ?

Je ne formulerais pas la chose ainsi… Dans mon esprit, quelqu'un de pauvre, c'est une personne qui ne peut pas se nourrir. Ce n'était pas notre cas.

J'ai senti, c'est vrai, que l'on « possédait » moins que les autres. On avait moins accès aux choses. Maintenant, il ne faut pas oublier qu'on était douze enfants à la maison, une famille nombreuse. Mais, question nourriture, on n'était jamais privés. On mangeait à notre faim. Un plat le midi, un plat le soir. L'après-midi, lorsqu'on rentrait de l'école, on avait droit à un verre de thé, du pain et du beurre.

Et l'école ?

En primaire, j'étais l'un des premiers de la classe. Pas bête, bon élève ! Vraiment sérieux. Doué en math et en français. En sport, j'étais bon au cross. Je terminais régulièrement deuxième ou troisième. À la récré, on jouait aux billes. Je me bagarrais… Je n'aimais pas perdre. Mon meilleur ami s'appelait David. Je l'ai perdu de vue. Lui est resté dans le droit chemin. Pas moi.

À partir de quelle classe l'école ne vous a-t-elle plus intéressé ?

En cinquième. Je voulais sortir et aller voir les filles… Je prenais systématiquement des heures de colle, pour absence, chahut, devoirs en retard.

J'ai souvent tenté d'intercepter les courriers de l'école dans lesquels on alertait mes parents de ma mauvaise conduite. J'y suis arrivé plusieurs fois !

Un jour, j'ai menacé le facteur qui mettait des avertissements dans la boîte aux lettres. Mon père a découvert mon petit manège. Il est parti me chercher à l'école. Il m'a « tué », une dérouillée devant tout le monde. J'ai haï le facteur.

Une autre fois, alors que j'avais reçu quatre heures de colle la veille, j'ai demandé à maman :

« Le facteur est passé ?

– Oui, d'ailleurs ton père a pris les lettres. »

Comme d'habitude, mon père avait quitté la maison à midi : il faisait les trois-huit à l'usine. J'ignorais qu'il allait bosser avec le courrier de l'école dans sa poche.

J'ai tout de suite imaginé la suite. J'allais avoir le droit à une raclée ! Et je voyais les heures défiler. 19 h 30… 19 h 45… Qu'est-ce que j'allais faire ? Fuguer ? Oui ? Non ? Finalement, j'ai eu une idée pour atténuer la correction. J'ai enfilé trois pulls et trois pantalons. Quand mon père est rentré, il m'a frappé à coups de ceinturon. Je n'ai pas eu mal, mais j'ai fait semblant, j'ai hurlé : « Aïe ! Aïe ! » Lorsque, plus tard, j'ai raconté le truc à maman, elle a éclaté de rire !

Une autre histoire de punition me revient en mémoire. En primaire. L'instit n'était pas très sympathique. À la récré, je chahutais dans la cour et je suis tombé sur la hanche. Je me suis fait un bleu. Précision importante : la maîtresse avait toujours une règle en fer pour nous punir lorsqu'on faisait les imbéciles en classe. Ce jour-là, je me suis fait un film. De retour à la maison, j'ai menti comme un arracheur de dents : « Maman, la maîtresse m'a tapé avec un bâton. Regarde, le bleu ! »

Ma mère a déboulé dans l'école, dans le bureau du directeur. Elle a menacé de porter plainte. Je me suis dit : « Qu'est-ce que j'ai encore fait ! Quel con, pourquoi j'ai dit ça ? » Mais je ne pouvais plus reculer, sinon je prenais une dérouillée ! La pauvre dame s'est fait engueuler par le directeur. Évidemment, tout le monde pouvait témoigner qu'elle punissait les mauvais élèves avec sa règle en fer ! Je n'étais pas fier de moi. Des bêtises de gosse, quoi !

Vous avez arrêté l'école, par la suite ?

Après la cinquième. J'ai tenté un CAP mécanique, que je n'ai pas obtenu. Mon père m'avait imposé cette orientation. J'ai su que cela ne marcherait pas. Je n'aimais pas la mécanique. Je suis resté un an, puis je me suis fait virer. Je ne venais plus.

Et les jeux de petit garçon ?

On partait à l'aventure sur deux péniches abandonnées, rouillées, à moitié noyées, près du canal. On faisait les imbéciles dessus. C'était juste derrière la maison, à deux pas de la cité du Bout-du-Lac. On pêchait des poissons-chats qu'on remettait à l'eau immédiatement. Nos parents nous interdisaient d'aller traîner là-bas. Un jour, mon cousin m'a sauvé la vie en me donnant la main alors que je m'enfonçais profondément dans la vase. J'ai vu la mort de près ! Je ne savais pas nager.

À Noël, on était ravis parce qu'on récupérait les cadeaux d'occasion de l'usine Saint-Gobain où travaillait mon père... Des associations donnaient des jouets usagés aux familles nombreuses de l'entreprise. Des jeux de criquet, des puzzles, des voitures télécommandées, des Lego et des livres.

Comment était la vie à la maison ?

Nous avons habité un moment à la cité du Bout-du-Lac, dans l'agglomération chalonnaise. C'était une belle cité, avec de la verdure, du gazon, des jeux pour les enfants. Il y avait deux grandes tours, dont l'une était réservée aux familles de gendarmes. Nous vivions dans un appartement au quatrième étage. C'était un F5. Les douze enfants dormaient dans des chambres séparées. D'un côté, les garçons, de l'autre, les filles. Pour les filles, c'était au fond à droite – Malika, Rachida, Fathia, Nadia, Jamila, puis Najate et Sânnaa – et au fond à gauche, les quatre garçons. Noura, qui est arrivée plus tard, dormait dans la chambre de mes parents lorsqu'elle était bébé. Dans la chambre des « mecs », il y avait Kamal, Omar, Houari et moi. Deux d'entre nous dormaient par terre et les deux autres dans des vrais lits.

C'était comme ça. Premier arrivé, premier servi. Le matin au réveil, on remettait tout en ordre, les matelas au sol sur les lits. Pour le couchage, il y avait une exception : Houari, l'aîné, avait toujours le droit à un vrai lit. Par respect. Pour ne pas gaspiller l'eau, les garçons s'installaient ensemble dans la baignoire – c'étaient mes sœurs qui nous lavaient. Économie oblige, il n'y avait pas de rinçage. L'espace était réduit. Le salon faisait également office de chambre à coucher. Plus tard, on a déménagé à Champforgeuil, une commune aux environs de Chalon. Mon père a acheté un pavillon dans un lotissement. Il m'arrivait de dormir au sous-sol – un sous-sol « revu et corrigé », où il faisait frais –, dans une pièce utilisée pour les fêtes musulmanes.

Quelques instantanés sur la famille Dati. Commençons par l'aîné des garçons.

Houari, l'aîné, était également le plus sérieux. Petit, j'ai toujours vu mon frère comme un étudiant bosseur perdu au milieu de ses papiers, sur lesquels étaient inscrits des trucs que je ne comprenais pas. Le week-end, de retour de Grenoble, Houari s'installait sur la table de la salle à manger, entouré de ses piles de dossiers, pour travailler. C'est un gars qui a profité tard de la vie. Il est sorti tard, a fréquenté tard les filles. Il était obnubilé par ses études d'ingénieur… Jamais d'excès. Pas d'alcool, pas de cigarettes, encore moins de cannabis…

Kamal a un an de moins que moi. Pratiquement le même âge ! C'est mon frère… Mon confident quand j'étais jeune. Je pouvais tout lui dire. Mais côté physique, tout nous différenciait. J'étais petit et pas trop balèze, alors que lui, c'est un costaud : 1,90 m pour près de 100 kilos. C'était le chouchou de ma grand-mère paternelle, qui avait demandé à papa d'en prendre soin après sa mort. Kamal ? C'était tout pour mon père ! Papa l'a aidé financièrement à construire sa maison à Toul, près de Nancy, avant qu'il parte en Chine pour Areva, où il travaille actuellement.

C'est avec Kamal et Omar que je me suis fait virer des vendanges, près de Beaune, au bout d'une semaine, sans doute parce qu'on ne voulait plus travailler. On devait retourner à la maison, mais c'était loin. J'avais demandé à mes deux frères de faire le guet pendant que je tentais de trouver un moyen de transport. J'ai volé une mobylette… sans porte-bagages. Kamal et Omar m'ont poussé pour démarrer. Et je les ai laissés sur le carreau ! On en rigole encore aujourd'hui ! Il ne faut pas mal interpréter cette histoire. Nous savons aujourd'hui que nous pouvons compter les uns sur les autres. C'est d'ailleurs mon frère Kamal que j'ai appelé lorsque j'étais incarcéré. Kamal aimait faire la fête, sortir en boîte ! Lorsqu'il venait le week-end à la maison, mon père m'autorisait exceptionnellement à sortir en sa compagnie. Il avait une absolue confiance en lui. C'était mon laissez-passer de noctambule. Quand Kamal s'est marié avec Nora – ils ont quatre enfants aujourd'hui –, il est parti à Nancy pour diriger une équipe dans une entreprise chargée de nettoyer les bus. On s'est un peu éloignés depuis qu'il est en Chine.

Omar, mon troisième frère, qui a deux ans de plus que moi, a toujours été un mec calme. Pas le genre voyou. Même s'il a fait des conneries ! [*Omar Dati a été condamné par le tribunal correctionnel de Chalon-sur-Saône à huit mois de prison ferme le 17 décembre 2007 pour trafic de stupéfiants.*] Omar n'a jamais ramené les gendarmes à la maison. Il n'a jamais fait des bêtises aussi graves que les miennes. C'est moi qui lui ai fait fumer son premier joint, quand il avait 25 ans.

Lorsqu'on se bagarrait entre frères, j'avais toujours le dessus. En définitive, c'était moi le plus teigneux ! Pour le reste, j'étais assez secret, renfermé. Je n'ai jamais parlé à mes frères ou à mes sœurs de mes problèmes avec la drogue. Par pudeur. Je ne voulais pas exposer ma vie intérieure. Je ne voulais pas déranger.

Malika est l'aînée des filles. Elle est née en 1962 en Algérie, à Nemours, où mon père travaillait. Dix ans nous séparent. C'est une sœur gentille qui a le cœur sur la main. Une enseignante sensible. *[Conseillère municipale de Nancy, elle est élue sur la liste UMP d'André Rossinot, le maire.]* Je me suis confié à elle lorsque j'ai décroché de la drogue, j'ai parlé avec elle de ma thérapie. C'est la seule que je peux prendre dans mes bras et à qui je peux dire « je t'aime » !

Le statut de Sânnaa est un peu particulier. C'est la fille que ma sœur aînée Malika a eue très jeune. Ensuite, ma nièce a été « adoptée » en quelque sorte par mes parents, qui s'en sont occupés comme si elle était leur propre fille. Voilà pourquoi on considère qu'on est une famille de douze enfants.

Rachida est née en 1965, à Saint-Rémy, juste à côté de Chalon. Avant sa naissance, maman a perdu un petit garçon, Mohamed. Est-ce que, inconsciemment, cela a joué ? Je ne sais pas. Des amis de la famille ont dit par la suite à maman : « C'est un homme que tu nous as fait. Ce n'est pas une femme. » On prenait cela pour un compliment. Rachida, c'est vrai, je l'ai rarement vue pleurer. J'ai le souvenir d'une jeune fille modeste, normale, polie, sans histoires. Ma mère ne parlait pas de ses grossesses qui ne sont pas venues à terme. Elle avait également perdu des jumeaux.

Rachida s'entendait parfaitement avec Malika. Mes deux sœurs aînées avaient une grande complicité… Elles se racontaient des blagues de frangines. Leur grand truc au Maroc, c'était de se moquer des gens, mais pas méchamment, plutôt dans le genre chipies !

Il y a toujours eu un peu de distance entre Jamila, qui est née après Houari, l'aîné des garçons, et moi. C'est parce que ma sœur s'est mariée très jeune, à 18 ans. Un mariage arrangé mais qui s'est bien terminé. Elle est aujourd'hui très heureuse. Fathia quant à elle a toujours été très généreuse avec mes deux filles, Rezouana et Damy. Elle leur achetait des vêtements. C'est aussi elle qui, comme maman lui avait demandé, est venue me voir en prison pour me remonter le moral alors que j'étais en pleine déprime à cause de ma séparation de la mère de mes enfants.

Noura, Nadia, ont toujours fait partie dans mon esprit du « clan des petites ». Lorsque Najate, la petite dernière, la petite protégée, est arrivée, j'étais content. À sa naissance, je lui ai donné le biberon. Najate est arrivée un peu par hasard. Maman s'est rendu compte qu'elle était enceinte au bout de sept mois. Ça a été un peu la surprise.

Décrivez-nous l'ambiance à la maison.

Mon père avait des horaires variables. Il faisait les trois-huit à l'usine, il n'était donc pas toujours présent. On était si nombreux. Il y avait deux grandes tables. Mon père s'asseyait à côté de ma mère. Rachida s'installait systématiquement près de Malika.

Il y a des parfums qui me reviennent en mémoire ! Des odeurs de couscous, de tajines, cuisinés par maman. Un délicieux tajine au thon. Maman m'appelait « Titerlouite », cela signifie « petit bonhomme ». Lorsque je lui demandais pourquoi elle avait choisi Jamal comme prénom, elle me répondait : « En 1972, année de ta naissance, il y avait un bel aviateur algérien qui s'appelait ainsi ! » Je n'ai jamais vu de photo de ce pilote blond aux yeux verts, mais il ne doit pas y avoir une grande ressemblance. Avec mon teint mat et mes cheveux noirs, je suis le portrait craché de ma mère.

J'ai toujours été très proche de maman. Elle était douce et délicate. Maman était plus câline que papa. Papa, il était réservé. Dur. Ce n'est pas qu'il n'aime pas ses enfants, mais « extérioriser son amour », cela n'a jamais été son truc. Maman nous donnait de l'amour pour deux. À la maison, elle faisait tout, l'éducation des enfants, les courses, le ménage. Papa était au travail. C'est maman qui nous élevait au quotidien. Malika et Rachida, les plus âgées, lui donnaient un coup de main pour la vaisselle. Maman confectionnait des habits sur sa machine à coudre. Elle faisait en sorte qu'aucun de ses enfants ne soit négligé. Kamal, Omar et moi, nous étions toujours habillés de la même manière, comme les Dalton ! Ça nous faisait rigoler.

Maman donnait énormément d'amour. J'ai eu l'immense bonheur de recevoir la plus grande partie de cet amour maternel, depuis ma tendre enfance. C'est ce qui nous a rapprochés et ce qui nous a unis. Maman était joyeuse ! Gentille. Sensible. Fragile. Elle aimait rire. À elle toute seule, c'était un tremblement de terre. Ce n'est pas parce que c'était ma maman, mais c'était une dame bien. Pas le genre de femme à critiquer les autres : bien au contraire, elle souhaitait le bien à tout le monde.

Une maman en or.

Papa la disputait beaucoup. Constamment. À la mort de maman, je lui en ai énormément voulu.

Chapitre 4

PATER FAMILIAS

Maman nous protégeait. Et nous, les frères et sœurs, nous protégions maman. Mon père n'a jamais été violent avec elle, mais il l'engueulait sans raison. C'était un homme très autoritaire. Il ne la brutalisait pas, mais il hurlait ! En revanche, mon père a corrigé mes frères et sœurs à coups de ceinturon...

Et moi aussi.

Moi, surtout.

J'ai toujours été le plus turbulent des garçons. À 15 ans, je sortais en boîte en cachette, bien avant mon grand frère aîné Houari. Mes bêtises ont démarré très tôt et mon père m'a serré la vis dès mon plus jeune âge. Et il n'y allait pas de main morte ! Il possédait une matraque de CRS. Je la revois comme si c'était hier. Une matraque en plomb, cuir et bois. Et avec ça, j'en ramassais dans tous les sens ! Lorsqu'il revenait de l'usine, s'il enlevait ses lunettes de vue et les posait sur la table, ça signifiait qu'on allait prendre la correction de notre vie. S'il ne retirait pas ses lunettes, on avait juste droit à une réprimande.

En général, la punition était justifiée.

Mon frère Houari doit encore se souvenir du jour où il a volé une roue de vélo dans le jardin du voisin. Le monsieur s'est plaint. Les gendarmes sont venus à la maison récupérer la roue. Mon père a saisi mon frère par le col, l'a coincé entre la machine à coudre et le rideau du salon, et il l'a tapé, tapé, tapé... Après cette correction, Houari s'est tenu à carreau. Je n'ai pas le souvenir que mon père lui ait remis une autre volée. Mais là, il lui en avait flanqué une bonne... Ça a duré vingt minutes. Houari était l'aîné, il fallait donner l'exemple. Pourtant, ce n'était pas le genre à faire l'idiot !

Un autre souvenir concerne une fille... Malika. Ma sœur avait 18 ans, moi, 8 ans. Elle était rentrée un midi à la maison. Elle sentait... la cigarette ! C'est ma mère, la première, qui a repéré l'odeur dans les cheveux de sa fille. Elle lui a mis une bonne volée. Lorsque mon père a su, il a failli la tuer. Et l'été suivant, deux mois plus tard, on est allés au Maroc, où elle s'est mariée. Pourtant, elle n'a jamais fumé, c'est l'odeur des cigarettes de ses camarades qui imprégnait ses cheveux.

Pourquoi votre père vous infligeait-il des punitions ?

À l'époque de mes bêtises, mon père avait instauré une règle. Si on voulait dormir à la maison, il fallait être présent à 20 heures. Sinon, c'était porte close. Mais c'était impossible de rentrer à cette heure-là ! La soirée avec les copains commençait à

20 heures. Tous les soirs, je prenais donc le risque de dormir dehors… J'en ai passé, des nuits à – 10 degrés, sous la neige ! Le matin, j'étais tout blanc. Givré comme un glaçon !

Il faut imaginer la scène lors de mes retours nocturnes. Il y avait la chambre des parents à gauche, puis celle de mes sœurs, et le salon où, chaque nuit, dormait soit une sœur, soit une nièce, car on n'avait pas beaucoup d'espace dans le pavillon de Champforgeuil. À l'époque, on avait un chat à la maison, un petit chat qui miaulait pour qu'on lui ouvre la porte lorsqu'il était à l'extérieur. C'est mon père ou une de mes sœurs qui le faisaient entrer dès qu'ils entendaient l'animal. Un matin, j'ai prié le Bon Dieu pour qu'une de mes sœurs se réveille, d'autant plus qu'il neigeait à gros flocons. J'étais frigorifié. Coup de chance, le chat miaulait. C'est comme si j'avais vu le Messie ! J'ai entendu des pas dans l'escalier. Persuadé que c'était une de mes sœurs, je me suis dit hop, je vais pouvoir faire dodo tranquille. À l'époque, je dormais au sous-sol pour contourner la consigne paternelle. Une combine qui me permettait de « gratter » trois, quatre heures au chaud… Mais catastrophe, c'est mon père qui m'a ouvert. Il a fait rentrer le chat.

« Toi, tu restes dehors. »

J'en ai pleuré. Assis sur ma chaise en plastique posée contre la maison. Je n'arrêtais pas de me répéter : « Un père, c'est pas ça ! Pourquoi m'a-t-il infligé ça ? Il a osé faire entrer l'animal et il a interdit l'entrée de sa maison à son propre fils. »

Plus de vingt ans après, j'ai évoqué cet épisode devant ma psy. Je cherche encore des réponses.

Avec maman, c'était différent. Elle me faisait entrer en cachette. Elle « sentait » ma présence. Elle me permettait de dormir dans le sous-sol. Je prenais trois couvertures pour me réchauffer. Mais, après, c'était source de conflit entre mes parents. « Pourquoi l'as-tu laissé entrer cette nuit ? »

Tout ce manège a duré pendant deux, trois mois. Jusqu'à ce que le maire de la commune intervienne. Des voisins s'étaient émus. « Il y a un des fils Dati qui dort dehors. » Le maire a convoqué mon père. « Vous venez avec votre fils. » Ma mère m'a demandé d'y aller. Elle voulait à tout prix que je me réconcilie avec papa.

Vos relations se sont-elles ensuite apaisées ?

Pas pendant mon adolescence, en tout cas ! J'ai toujours eu une trouille bleue de mon père. Même aujourd'hui. Il suffit qu'il pique un coup de gueule, ça me fout la frousse ! Il y a une explication à cette peur : j'ai pris des coups depuis que je suis tout petit… Et même adulte. En 1998, alors que j'étais marié, avec un enfant, que j'avais déjà effectué mon premier séjour en prison, mon père m'a cassé un bras parce que j'avais fait une connerie. On était en vacances. Je n'étais pas réveillé. Ma sœur avait tenté de me sortir du lit, mais à cette époque, il fallait un treuil pour que je me lève. Mon père est descendu avec la matraque. Il m'a traîné par terre, j'ai voulu me protéger. Ça n'a pas loupé : il m'a cassé le bras. Je suis parti aux urgences. Au médecin, j'ai raconté que j'étais tombé, bien sûr. Pendant deux jours, mon père n'a pas mangé. Il a dû s'en vouloir. Maman m'a demandé : « Va lui pardonner ! » Donc, je suis monté, je l'ai embrassé sur la tête. Et trois, quatre jours après, ça s'est calmé.

Une autre fois, quelques années auparavant, mon père m'a étranglé. Il a tenu, tenu. Il ne sentait plus sa force. Je n'arrivais plus à respirer. Je voyais des étoiles. J'étais comme... évanoui. Comme s'il y avait eu un moment de vide. J'avais 18 ou 19 ans. Il a failli me tuer. Je sais, évidemment, que mon père ne l'a pas fait exprès.

Ma mère, alors que j'avais ma tête sur son ventre, l'a menacé : « Arrête de toucher mon fils ! » Elle m'a pris dans ses bras. Je pleurais. J'étais au bout de la souffrance. Malgré tout, aujourd'hui, je ne peux pas en vouloir à mon père, c'est impossible. Lorsque maman est morte et qu'il a pris de l'âge, nos relations ont évolué. Il a remplacé un peu maman, on va dire. Et ça m'a fait du bien. Je me souviendrai toute ma vie de ce qu'il m'a dit au moment de la mort de maman. On m'avait extrait de prison, menotté, un dimanche après-midi. Il m'a mis la main sur l'épaule. « Il faut avoir du courage. »

Un moment crucial dans ma vie. Il ne m'avait jamais pris dans ses bras. Il ne m'avait jamais dit : « Je t'aime. »

Aujourd'hui, vous êtes père, vous le comprenez ?

Oui et non. Je ne frapperai jamais ni mon fils ni mes filles avec une matraque. Mon petit, si jamais il dérape vraiment, il prendra peut-être une tape. Mais il faut faire attention ! Un mauvais coup, ça peut être fatal ! J'ai l'impression que mon père ne connaissait pas ses limites.

Vis-à-vis de vos trois enfants, vous êtes un père autoritaire ?

Je les éduque du mieux que je peux. Autoritaire ? Oui, je crois qu'on tient de son père. Mais je suis nettement plus doux. Plus cool. Je parle avec mes filles, je rigole avec elles. Mon père n'a jamais fait ça.

Est-ce que vous l'avez détesté ?

Détesté, non. Je lui en ai voulu. Surtout plus tard, parce que mes deux filles ont été mal acceptées au sein de la famille. Adolescent, je l'ai pratiquement rejeté. Mais au fond, on ne souhaite pas de mal à ses parents. Je lui en voulais… sans le détester. J'étais rejeté. Lorsque mon père me croisait dans la rue, il ne me parlait pas. « Je ne te connais pas… » Il n'y a qu'un fils indigne à qui l'on peut faire subir ça ! Mais je n'étais pas un fils indigne. Je n'ai jamais frappé mon père ! Je n'ai jamais insulté mon père ! Je faisais des conneries, cela faisait du mal à mes parents, certes, mais c'était involontaire.

L'été dernier, j'ai aidé mon père à construire la maison familiale au Maroc. J'étais debout à 7 heures du matin. À midi, après avoir bossé avec lui toute la matinée, j'avais une faim de loup. Un jour, je vais pour m'installer à côté de lui pour déjeuner. Mon père désigne un de mes beaux-frères de mon âge, qui était resté tranquille toute la matinée. « Laisse-le, lui, s'asseoir à côté de moi ! »

Je me suis levé et je suis monté au troisième étage, les larmes aux yeux. Mes sœurs ont tenté de me consoler. « Il n'a pas voulu dire ça ! Tu as mal compris. »

Je n'ai toujours pas le droit à la considération paternelle. Pourtant, je suis un homme. J'ai un emploi. Je suis « clean » *[ne touche plus à la drogue].* Je n'accepte pas ce mépris.

Mais je ne peux pas lui en vouloir. C'est mon père, je l'aime ! Cela dit, heureusement que maman était présente. Surtout au moment de mes tentatives de suicide.

Chapitre 5

RACHIDA M'A INTERNÉ

Quand j'avais une vingtaine d'années, ma sœur Rachida m'a fait interner. La raison ? J'étais dans la cuisine. J'ai dérapé. J'ai fait l'idiot.

On s'était disputés, mon père et moi. Je suis descendu avec un couteau dans la main. Je voulais me tuer. Ma mère m'en a empêché. Elle m'a attrapé par-derrière. Une de mes sœurs a appelé mon père au secours. Il est venu directement sur moi et m'a fait une balayette. Je suis tombé par terre. Je serrais le couteau tellement fort que dans un premier temps, personne n'est parvenu à me l'enlever des mains. Mon père, finalement, a réussi à se saisir de l'arme. En brisant la lame en deux, il s'est tranché toute la main. Il fallait absolument me prendre ce couteau, sinon, je me tuais...

J'étais en crise. Pour me protéger, mon père m'a attaché les pieds et les mains avec une corde. Ils m'ont installé à l'arrière de la Mercedes marron et ma sœur Rachida m'a emmené. Elle a contacté un médecin qui a fait signer mon père pour que je sois interné à l'hôpital de Sevrey, près de Chalon-sur-Saône.

Vous en voulez à Rachida ?

Si je lui en veux ? Aujourd'hui, non. Le plus terrible, c'est que mon placement dans cet établissement spécialisé en psychiatrie ne m'a pas guéri, mais a aggravé les choses. On m'a fait des piqûres. J'étais paralysé. Il a fallu que j'appelle une copine au secours… Finalement, sa mère a signé une décharge. Ce sont des gens étrangers à la famille qui m'ont fait sortir de l'hôpital ! Sous leur responsabilité. D'ailleurs cette dame a eu peur des représailles de la part de ma famille. C'est vrai que je n'allais pas bien, mais l'internement n'était pas la bonne solution, j'en suis convaincu.

Pourquoi étiez-vous paralysé ?

À cause des injections. Je ne suis pas médecin, mais je reste persuadé qu'ils se sont trompés ! Un médecin a dû m'injecter un drôle de truc. Je n'arrivais plus à m'exprimer. Des spécialistes qui travaillent en milieu psychiatrique savent que cela peut arriver, ce genre de situation… J'ai supplié qu'on me laisse sortir. Et c'est là que la mère de ma copine est intervenue. Pendant quarante-huit heures, je suis resté muet. Lorsque j'ai déboulé à la maison, ma mère était stupéfaite.

« Mais comment es-tu sorti ? » Je l'ai suppliée : « Je t'en prie ! Ne les laisse pas me remettre là-bas. » Lorsque ma mère a vu mon état, elle s'est effondrée : « Regardez, c'est de votre faute s'il est comme cela ! »

Ça a fait tout un bordel ! Maman est tombée de fatigue, et j'ai balancé ses quatre vérités à mon père : « Tu ne m'aimes pas. Tu m'as fait du mal ! »

J'étais sous l'effet des cachets. À mon retour, Rachida était absente de la maison… Partie à Dijon ou à Paris, je ne sais plus…

Est-ce que vous considérez que c'est Rachida, votre sœur, qui a pris la décision de vous faire interner ?

Oui. C'est elle qui m'a interné.

Que pensez-vous de la réflexion de votre sœur, garde des Sceaux, à propos de votre livre lorsque votre avocat est allé à Paris : « Mon frère a déjà été interné une fois, il pourrait bien y retourner. »

Comment ça, il pourrait bien y retourner ? On ne met pas les gens comme cela à l'asile ! C'est ridicule. Mais sa réaction ne m'étonne pas. Elle n'a jamais eu beaucoup de considération pour moi. Elle a toujours proféré ce genre de menaces. Maintenant, qu'elle essaie ! Si elle tentait de me mettre la pression, je ne me laisserais pas faire. En plus, ça ne se fait pas d'intimider son frère. Un frère, on l'aide, on n'est pas là pour le mettre en hôpital psychiatrique ! Surtout que j'en ai un souvenir atroce. Parfois, j'ai l'impression qu'elle est sans cœur vis-à-vis de moi. Nos relations frère-sœur sont assez froides. Par exemple, aujourd'hui, chaque fois qu'il y a une réunion familiale, la première chose que fait Rachida en me voyant, c'est de froncer les sourcils !

Ce genre de réflexion me blesse d'autant plus que Rachida ne s'est jamais inquiétée, par la suite, de ma thérapie. Elle ne m'a jamais demandé : « Est-ce que tu vas consulter un psy ? » Ou plus simplement : « Est-ce que ça va ? Ou pas ? » Rachida claironne dans la presse : « L'important, c'est la famille », alors que moi, franchement, je n'ai pas l'impression d'être important à ses yeux.

Vous pensez qu'elle a un peu perdu la tête lorsqu'elle a dit cela ?

Peut-être veut-elle tenter de me faire peur ! Mais j'ai changé. Je ne suis plus le Jamal d'avant, qui flippait parce qu'on lui disait ci ou ça.

Pouvez-vous comprendre son émotion lorsqu'elle a assisté à votre tentative de suicide ? C'est difficile pour elle aussi !

Bien sûr… mais il fallait m'aider différemment. On peut faire une erreur en internant son frère. Mais ses propos récents démontrent que son opinion sur moi n'a pas changé. Or, moi, j'ai évolué. Je me soigne.

Depuis qu'elle est ministre, elle est vraiment devenue plus dure avec moi. La vérité, c'est qu'aujourd'hui, j'ai la curieuse sensation que je n'existe pas à ses yeux. Je suis transparent. Chaque fois que je tente de dialoguer, elle m'ignore. Il n'y a pas si longtemps, j'ai offert une gourmette à Zohra, sa fille. Elle ne m'a même pas remercié. Elle m'a juste dit : « Pose ça là ! » Elle n'a pas voulu prendre le cadeau dans ses mains. Ça m'a blessé !

Encore une fois, son attitude m'apparaît extrêmement ambiguë. Car c'est la même Rachida qui clame : « Nous sommes une famille soudée »…

Alors elle ment ?

Disons qu'elle déforme la vérité. Surtout lorsqu'elle dit : « Mon frère Jamal est fragile psychologiquement. » Les gens vont se faire une idée fausse. On peut croire que Rachida est « fraternelle ». Ce n'est pas vrai…

Et la deuxième tentative de suicide ?

C'était en prison. J'étais déprimé parce que ma femme venait moins me voir.

Vous avez commencé à voir un psy à partir de quel âge ?

À partir de 16 ans. Quand j'ai commencé à faire mes conneries. Les conneries avec les copains. Les petits vols. Je suis tombé dans la délinquance très tôt, alors que tous les autres Dati ont réussi à avoir une existence à peu près normale, stable. Tous, sauf moi. Je n'ai pas été plus influençable qu'un autre. Personne ne m'a mis le couteau sous la gorge pour me faire devenir un hors-la-loi.

Ce qui m'est arrivé, j'en porte l'entière responsabilité. Ce n'était pas à cause de mes « fréquentations ». Je n'aime pas cette expression. Moi-même, j'ai été une mauvaise fréquentation pour les autres.

Chapitre 6

MINEUR RÉCIDIVISTE

« La délinquance des mineurs est absolument insupportable. »

Rachida Dati,
à propos de la réforme de l'ordonnance de 1945,
site internet de la chancellerie, 3 juin 2008.

Quel âge aviez-vous à l'époque des premiers vols ?

Entre 15 et 18 ans. J'en ai fait beaucoup. Je suis passé plusieurs fois devant le juge des enfants.

On était une bande de quatre, cinq copains au total. Avec l'argent des vols, on allait à la fête foraine, où on s'achetait de la bière. Je n'étais pas – et je n'ai jamais été – un grand buveur. J'ai fumé beaucoup de cannabis plus tard, vers 25 ans. De temps en temps, on allait en discothèque, au Coco Night, à Saint-Rémy. Mais on passait la majeure partie de notre temps au Petit Bar – fermé depuis. Un établissement de Chalon-sur-Saône, près de la place de l'Obélisque, qui faisait café durant la journée et boîte le soir. Je fumais rarement des cigarettes. Je passais mon temps à draguer les filles.

Quel genre de vols était-ce ?

Des larcins dans les magasins. Des vols de vélos, de mobylettes, souvent dans des caves. On faisait juste un tour avec et on les revendait à Chalon. Un vélo volé se négociait 100 francs. Une mobylette, 300 à 400 francs.

Je n'ai plus le souvenir de mon premier vol, tellement j'en ai commis. J'ai tiré des voitures aussi. Je voulais tenter l'expérience. Je n'avais jamais conduit. Pour démarrer les 2 CV, il y avait trois fils. Fallait faire contact avec deux fils, puis toucher le troisième. On fracturait le nemam, facile ! Puis on allait se promener.

Les 2 CV, j'en ai volé deux. La première, à la gare. Mais des policiers m'observaient. Je n'ai même pas eu le temps de faire un grand tour, ils sont arrivés en face, et hop ! J'ai vu quatre personnes sortir de leur voiture. J'en ai fait dans mon froc ! L'un d'eux m'a matraqué. J'étais sonné. Direction la voiture de police et la garde à vue. J'avais l'habitude. Cela faisait déjà la deuxième ou la troisième fois ! J'ai eu le droit à des coups d'annuaire. Il y avait un inspecteur T., qui connaissait bien mon père. Il suivait à la lettre la recommandation paternelle. « Tu lui mets une bonne volée, et après tu m'appelles. »

Une « bonne volée », c'est-à-dire ?

L'inspecteur m'a giflé avec ses mains énormes. Comme un père énervé peut baffer son fils. Lorsque papa est arrivé au commissariat, il m'a mis un gros coup de genou. Je suis tombé sur les marches de l'hôtel de police. À la maison, il a conclu avec le ceinturon… Trois jours plus tard, j'ai recommencé mes conneries.

Vous étiez un peu… mauvaise graine ?

Une tête dure. Avec les copains, on cherchait à s'affirmer, à sortir. Vingt ans plus tard, j'ai du mal à expliquer le pourquoi de « ma » délinquance précoce. Je ressentais un mal de vivre qui m'a poussé à fuguer dès 14 ans. Je partais parfois plusieurs jours, mais je revenais toujours. J'allais chez des copains à Chalon. Leurs parents ignoraient que je fuguais pendant deux, trois jours. Ce mal-être m'habite toujours dans ma vie d'homme… J'en ignore les causes. J'en parle encore maintenant à ma psy.

Si mon père avait été un peu plus diplomate, cela aurait sans doute été différent… Lorsqu'on dialogue avec moi, ça fonctionne mieux… Alors que le ceinturon !

Donc, ça, c'était la première 2 CV.

Il y a eu une seconde voiture. Longtemps après ! On voulait aller en boîte, on n'avait pas de moyen de transport. On a donc « emprunté » une voiture. Une 2 CV verte, avec des cagettes de pots de peinture dans le coffre. Dans un premier temps, on a pensé que la bagnole appartenait à un vieux papy. En fait, le propriétaire était… un policier !

Pendant ma garde à vue, un grand monsieur s'est dirigé vers moi alors que je somnolais, vers 5 heures du matin.

« C'est toi le voleur ?

– Oui.

– Tu as de la chance, tu me l'as pas esquintée. »

Le policier n'a pas déposé plainte parce que j'avais pris soin de sa voiture ! Pas de plainte, donc pas de suite judiciaire.

Entre-temps, j'ai revu l'inspecteur T., qui m'a remis une rouste. Et mon père, pareil ! Comme d'habitude. Soit la matraque, soit le ceinturon.

En 1993, j'ai été incarcéré une première fois, pour vol avec violence, à la prison de Varennes-le-Grand. J'étais avec un copain. On avait volé des scooters, des mobylettes dans les caves. La police a identifié mes empreintes et est venue à la maison pour m'embarquer. J'ai été condamné à un an de prison ferme. J'avais déjà un casier judiciaire chargé, avec plusieurs condamnations. Mon avocat m'a dit que je payais pour toutes les conneries que j'avais faites lorsque j'étais mineur. J'ai purgé neuf mois. J'avais 21 ans. Mon père m'en a voulu. Mais maman est venue me voir en prison. C'était la première fois que j'étais incarcéré. J'avais un peu peur de l'enfermement. Dans ma cellule, j'ai retrouvé un « copain » de la cité du Stade, emprisonné pour une bagarre…

Et votre mère, dans quel état était-elle lorsqu'elle apprenait vos « conneries » ?

Elle pleurait, mais elle me pardonnait. J'étais son chouchou.

Comment expliquez-vous ce mauvais climat avec votre père ?

Cette tension avait une origine précise et banale. Je voulais sortir tout le temps et mon père me l'interdisait. J'avais rencontré une fille. Plutôt une femme, âgée de 30 ans, G., divorcée, avec des enfants. C'était chez elle que je me réfugiais lors de mes premières fugues, à 14 ans. C'est elle qui m'a fait goûter mon premier Ricard. Mes parents désapprouvaient cette fréquentation, mais ça apaisait maman, qui était plus ou moins au courant, que je passe mes nuits là-bas, de temps en temps. Au moins, son fils ne dormait pas dehors.

Un jour, G. m'a fait une suggestion. « Va voir le juge. Dis que ton père te maltraite. Le magistrat va te mettre dans un foyer, et après tu auras la belle vie, la liberté. »

Aussitôt, je suis allé dénoncer mon père pour mauvais traitement auprès de la justice. Devant la magistrate, lorsque j'ai été interrogé sur la raison de ma démarche, j'ai répondu : « C'est pour obtenir ma liberté ! »

Papa a été convoqué. Au final, il n'y a pas eu de suite. Retour à la maison. Mon père m'en a voulu durant des années, sans me le dire en face. Il a pris mes frères et sœurs à témoin : « Regardez comment se comporte votre frère. » Ma mère m'a défendu. « Il n'a pas l'âge de raison. On l'a influencé ! »

Moi, j'étais mal à l'aise.

Aujourd'hui encore, je culpabilise. Mais, comme le constate mon psy : « Tout n'est pas entièrement de votre faute. Vous avez eu une enfance avec une telle violence. À l'extrême. » Depuis, mon père m'a-t-il vraiment pardonné ? Il s'est passé tant de choses ! De toute façon, deux jours après cette histoire, j'ai recommencé. Et mon père m'a laissé dehors…

Si mon père avait été plus souple, plus ouvert avec moi, je n'aurais pas fini délinquant. Mes copains avaient des relations père-fils différentes. Ils rigolaient. Je n'ai pas le souvenir d'avoir jamais plaisanté avec mon père. Je persiste et je signe. S'il avait été moins autoritaire avec moi, ma vie aurait été différente. J'avais besoin d'amour et d'encouragements paternels. Je ne les ai jamais obtenus. Mais tous ces épisodes, j'évite aujourd'hui d'y faire allusion devant mes enfants.

Vous n'avez pas que des mauvais souvenirs avec votre père ?

Non. Le samedi, on allait à la ferme chercher du lait, à Varennes-le-Grand. On était tout contents. On allait voir les vaches ! On buvait du lait chaud ! Ça nous rendait fous de joie ! Mes frères et moi, on se chamaillait parce que mon père ne pouvait pas tous nous emmener… Donc, une fois, c'était mon frère Kamal et moi… Un autre jour, c'était Houari et Omar. Mon père s'était lié d'amitié avec un paysan, M. Besson. Il nous avait connus nourrissons. Cet éleveur nous vendait les moutons. On égorgeait les bêtes chez lui, ensuite, on apportait les animaux chez nous, pour les fêtes musulmanes notamment. Mon père découpait selon le rite. Un aller-retour avec un couteau. Pas plus. En face du soleil. Il prononçait certains mots. *Bismillah.* Grâce à lui, on apprenait à enlever la peau, la vésicule. Aujourd'hui, je sais découper le mouton, comme Omar, ou Kamal. On savait le cuisiner, le mettre en morceaux. Houari, lui, en ignore tout : c'est un intellectuel !

Chapitre 7

FRANÇAIS DE PAPIER

> « Je m'appelle Rachida Dati. Je suis française d'origine française, puisque je suis née en pleine Bourgogne. »
>
> *Who's Who in France*, 26 octobre 2006.

Ça ne me choque pas que ma sœur affirme cela. Mon pays, c'est la France. J'ai grandi, ici, en Bourgogne. Administrativement, je suis français. Mais j'ai des origines étrangères et je me sens arabe, au plus profond de moi, de mes entrailles.

Je ne vais pas me voiler la face. Dans la cité, à l'époque, on était plutôt arabes que français. Parce qu'on était « entre nous ». On se sentait étrangers.

C'est un peu ambigu...

Au fond de nous, on est arabes. Je suis marocain. Pourtant, lorsque je vais au Maroc, je dis : « Je suis français. » Sur le papier. Je me sens mieux en France qu'au Maroc. Si l'on me donnait 10 millions d'euros pour aller habiter au Maroc, je dirais non. Ce n'est pas mon pays. En fait, la question est très complexe. Je suis déchiré entre deux pays. Mais je n'ai jamais connu de problème de racisme, et « vive la France ! », comme on dit. La France, c'est mon pays, je l'aime. Mais au fond de moi, je suis quand même arabe. Je viens d'un pays autre que la France.

Dans votre famille cohabitent deux origines, deux identités, le Maroc de votre père, M'Barek Dati, mais également l'Algérie de votre mère, Zohra Delhoum.

En l'espace de trente-six ans, je ne me suis rendu que trois fois en Algérie. La dernière fois, c'était en 1994, avec toute la famille, une semaine du côté d'Oran, où vit la famille de maman. Pour nos vacances, on est toujours allés au Maroc. On y a construit des maisons, alors qu'en Algérie, on n'a rien construit.

Mon père est né au Maroc, à Sidi Benour, à côté d'El-Jadida. Maman était algérienne. D'Oran. Mes grands-parents maternels étaient originaires de là-bas. Mes oncles et mes tantes sont issus de cette région d'Algérie. Mais nous, nous avons été élevés « à la marocaine ». Maman mettait la djellaba, la tenue marocaine. « Votre père est marocain, moi, je fais comme lui », disait-elle. Elle ne parlait plus algérien. Elle avait appris le marocain avec mon père.

Vous dites que votre mère, c'était « l'Algérienne ». Qu'est-ce que cela signifie précisément ?

Mon père est parti en Algérie pour travailler. Il a rencontré ma mère là-bas, puis ils se sont installés au Maroc, à Casablanca, dans la famille Dati – dans la demeure de ma grand-mère paternelle, qui est encore vivante. Il est de notoriété publique que les Algériens n'apprécient guère les Marocains, et réciproquement. Ma mère a été mal acceptée par le clan Dati, qui la rabaissait, la méprisait. Ses belles-sœurs l'avaient surnommée « l'Algérienne ». Maman a été traitée plus bas que terre, mais mon père prenait sa défense. La famille de mon père les a installés dans une pièce insalubre et a essayé de briser leur couple. Mais mon père aimait ma mère, et je sais qu'il l'aimera toujours… Lorsque maman me racontait ces histoires, cela me révoltait. Aujourd'hui encore, je n'oublie pas le mal qu'ils ont fait à ma mère. Maman, pourtant, leur a pardonné. Chaque année, lorsqu'on allait au Maroc, on leur donnait des affaires, de l'argent… On ne les a jamais laissés sans rien.

Mon père m'a raconté une anecdote à propos du mariage avec maman. Avant leur union, il lui avait donné 35 francs pour qu'elle s'achète une robe. C'était en Algérie. Maman a mis la somme de côté. Et quelques mois après le mariage, alors qu'ils avaient des soucis financiers, ma mère a ressorti ces

35 francs. Et mon père nous disait : « C'est là que j'ai vu que votre mère, c'était une femme capable. Une femme extraordinaire ! »

Quelle langue parliez-vous à la maison ?

Mes parents nous parlaient en marocain et nous répondions en français. Même les petits-enfants, les neveux. La plupart d'entre nous avons appris à parler arabe au Maroc, pendant les vacances. À part Malika, qui a fait des études au Maroc à l'école arabe, qui sait l'écrire, le lire, et le parler, les membres de la famille savent seulement parler l'arabe.

Comme souvent les immigrés en rêvent, votre père a construit des maisons pour la famille.

Mon père a construit à Casablanca quatre appartements pour les quatre garçons. *[M'Barek Dati est un ancien maçon arrivé en France en 1963.]* Et rien pour les filles, parce qu'elles sont destinées à résider dans le foyer de leur époux. Tous les cinq ans, il construisait un étage supplémentaire. Les quatre appartements ont été meublés au fur et à mesure… Chaque garçon aura son propre étage. Jusqu'à cet été, on s'y retrouvait tous les ans, en juillet et en août. Tout le monde est regroupé au premier étage, le second est réservé à mes parents et Houari a le troisième. Rachida passe tous ses étés à Casa. On est tous ensemble. Des vacances classiques… Dîners en famille avec mes sœurs et mes tantes qui préparent les repas, plage… Parfois, je prends du bon temps en sortant avec des copains de Chalon. Au total, la construction a duré vingt ans. Il y a deux ans, mon père s'est attelé à une nouvelle tâche : la construction d'une autre maison familiale, à une trentaine de kilomètres de Casablanca. Rachida l'a bien aidé financièrement.

C'est une grande et magnifique maison, de couleur mauve clair, dont la construction s'est achevée l'été dernier. Il y a quatre étages, quinze pièces par étage. Du terrain. Mon père va faire un gazon. Une piscine. C'est une maison pour toute la famille, frères, sœurs. Mon père a construit cette maison parce qu'il a peur de partir demain.

Votre père souhaite-t-il revenir au Maroc ?

Il est à la retraite depuis quinze ans. Tous les six mois, il va à Casa. C'est vrai qu'il est plus à l'aise au Maroc. Comme tous les anciens du bled, il se sent mieux là-bas qu'ici. Il nous conseille d'acheter au Maroc, d'investir au Maroc, d'ouvrir des comptes bancaires au Maroc. Le Maroc, c'est chez lui. Il est plus marocain que français ! Les anciens, c'est comme cela. Pas le même esprit que les générations actuelles.

Moi, quand j'entends les jeunes d'origine maghrébine crier : « Vive l'Algérie ! » ou « Vive le Maroc ! », ou encore, excusez-moi l'expression : « Nique la

France ! », je me dis qu'ils n'ont rien compris. Ils ont grandi ici, ils ont été adoptés par la France. Alors pourquoi insulter la République qui les a accueillis ?

Que pensez-vous du slogan de votre sœur, qui prône la réussite : « Quand on veut, on peut » ?

C'est un conseil qui ne peut pas être donné à tous. Certains tentent de s'en sortir et c'est l'échec. Ils se cassent la gueule. Je connais des personnes qui se sont battues pour un travail et qui ne l'ont jamais obtenu. Parfois parce qu'elles sont d'origine maghrébine. Même si beaucoup d'entreprises ont évolué, il y a encore des gens qui sont racistes, sans l'afficher ouvertement. J'en côtoie. J'ai des collègues au travail qui votent Front national. Je parle quand même avec eux, mais pas de politique. Ces personnes n'aiment pas les Arabes, les étrangers en général, et dissimulent leur racisme parce qu'elles savent que c'est puni par la loi. Mais il y a pas mal de gens qui le sont ! Y compris dans le camp de Sarkozy. Une partie des personnes qui ont voté pour le président actuel n'aime pas les étrangers !

La « France de la diversité » incarnée par votre sœur existe-t-elle ?

On voit des « étrangers » un peu partout. Et cela me fait plaisir. Mais il y a encore beaucoup d'efforts à faire. On avance lentement… La « France de la diversité » mise en avant par Sarkozy ? Au début, j'avoue y avoir un peu cru, par exemple en 2007, lorsqu'il disait : « Il faut que Rachida réussisse, c'est un message à la France multiple ! » Mais aujourd'hui, on voit que c'était une opération médiatique, histoire de ratisser le plus d'électeurs d'origine étrangère en mettant ma sœur en avant. C'est un malin ! Ça a fonctionné ! Il a nommé Rachida, Fadela Amara, Rama Yade, juste pour leur image. Je suis déçu, parce que Nicolas Sarkozy s'est servi de Rachida. Les femmes ministres d'origine étrangère n'ont pour certaines pas leur place au gouvernement. Ça choque encore aujourd'hui ! La majorité des ministres le pense. Pour eux, les Arabes n'ont rien à faire dans le gouvernement. Ils ne le disent pas ouvertement, mais ils le pensent au fond d'eux-mêmes… J'en suis persuadé !

Pourquoi, selon vous ?

Parce qu'ils sont maghrébins, étrangers. C'est con, mais c'est comme ça. Les gens ne le disent pas haut et fort. Ils sont hypocrites ! Rachida se serait appelée Aline, cela ne se serait pas passé comme cela. Avant sa nomination, j'étais persuadé que Sarkozy allait nommer ma sœur au ministère de l'Immigration, ou quelque chose de ce style… Elle a été nommée garde des Sceaux, tant mieux ! Fadela Amara chargée des banlieues, c'est bien ! Sarkozy n'allait tout de même pas charger Brice Hortefeux de s'occuper des banlieues ; il n'y aurait eu aucune communication possible. Mon père a toujours été fier que Rachida soit ministre… Mais c'est parfois si difficile qu'il aurait préféré qu'elle fasse autre chose. Qu'elle soit à la tête d'une entreprise, par exemple.

Chapitre 8
CHALON-SUR-ZONE

La cité du Stade, que la famille avait quittée pour s'installer à la cité de Bout-du-Lac, et où je passais tout mon temps adolescent, était vraiment délabrée. Les entrées d'immeubles étaient vandalisées. Ça sentait l'urine. Les gens découpaient le mouton dans les sous-sols.

On était toujours quatre, cinq copains ensemble. On trafiquait du cannabis – chacun possédait des caches dans des caves, dans des appartements. On allait danser en boîte, au Coco Night, au Diamant, au Diapason… On volait quelques mobylettes pour y aller. Les vélos, on arrivait toujours à les refourguer aux Tunisiens de la cité pour qu'ils les revendent au bled.

Parfois, en boîte, ça tournait au cauchemar. Je me souviens d'une bagarre générale où j'ai pris un coup de cric sur la tête. C'est une connaissance, K., un toxico fini, qui a provoqué l'affrontement. Il s'est embrouillé avec un Arabe d'une cité rivale parce qu'on avait dragué sa copine… À cause de la concurrence entre les cités, la tension est montée très vite. Ils se sont mis à cinq sur lui, nous, on l'a aidé. Baston générale. Et bing ! j'ai eu le cuir chevelu entaillé par un coup de cric. Un copain a été blessé à la gorge avec un tournevis. La totale. J'ai vraiment eu la trouille. Tout le monde avait des armes, ce soir-là. Dans la cité, les bagarres étaient fréquentes, à cause de la dope ou pour des motifs futiles.

Une fois, ça a dérapé pour un simple paquet de chips ! On squattait dans une voiture. M. faisait tourner le paquet. À un moment, il a retiré les chips. Il m'a insulté : « T'es un crevard, Jamal ! » Mon frère Omar est intervenu. « Pourquoi tu lui parles comme ça ? » M. était ivre. Il a voulu jouer le « chaud ». C'est parti en sucette ! M. est descendu de la voiture et il a tenté de « planter » mon frère Omar au niveau de l'oreille avec un couteau. J'ai sorti une clef à manivelle de la voiture et je l'ai frappé à la tête. Il était blessé. Il s'est barré.

Comment votre famille a-t-elle vécu le fait que vous vous enfonciez dans la délinquance ?

Ma sœur Rachida jouait le rôle de l'aînée (Malika, mariée, avait quitté la maison), m'engueulait. « Maintenant, il faut que tu arrêtes ! » Souvent, mon père ajoutait, avec mépris : « Tu n'es qu'un bon à rien ! Un incapable ! Tu devrais faire comme Rachida ! Prends exemple sur elle. » Maman me le disait également, mais avec plus de délicatesse : « Essaye de faire comme tes frères et sœurs. Ton attitude me rend malade. Je me fais du souci pour toi ! »

À l'époque, c'est un type surnommé « le Lieutenant » qui tenait la cité. Un « vaillant », on va dire. Un gars qui avait du vécu, quelqu'un de très dur. Il avait fait de la prison, il avait déjà la mentalité des « grandes » banlieues. Son discours ? Il fallait éliminer les balances et créer un réseau dans la cité pour tous les trafics. Il « travaillait » sur Marseille : trafic d'armes et de stupéfiants, et partait régulièrement dans le Sud pour aller s'approvisionner en shit.

Un jour, le Lieutenant a « invité » des dealers marseillais à Chalon. Il leur a fait croire qu'il voulait acheter 80 kilos de shit. Les Marseillais ont débarqué, se sont installés dans un appartement abandonné de la cité du Stade… et se sont fait braquer par la bande du Lieutenant ! Le premier a été « démonté », une correction pas possible ; le second s'est barré ; pour le troisième, ça a été plus difficile. Le Marseillais s'est accroché de toutes ses forces au sac de cannabis. Dans la rue, il a été poursuivi par les hommes du Lieutenant, qui l'ont frappé à coups de couteaux et de tournevis. Malgré tout, le coriace n'a pas voulu lâcher le sac, il a réussi à sauver la moitié de sa livraison.

Un mois après cet épisode, les Marseillais sont remontés pour se venger. En force, cette fois-là !

Avec trois voitures et des équipes d'Asiatiques et d'Arabes. Le Lieutenant – qui avait pris sa part – était absent. Mais les Marseillais ont identifié deux des gars qui avaient monté l'arnaque. Le premier, ils l'ont jeté du balcon du cinquième étage ; l'autre a pris un coup de pare-chocs. Comme les Marseillais ont tiré des coups de fusil dans la cité, la police est intervenue. Mais personne n'a osé porter plainte. Par la suite, tout le monde a appris les moindres détails de la vengeance des Marseillais. Avant de balancer le mec du balcon, ils lui ont cassé la mâchoire et arraché les dents. Le gars est resté plusieurs mois dans le coma…

Il y avait aussi des affaires de viols collectifs. Un exemple ? Des types qui faisaient boire et fumer une fille, puis ils passaient sur elle à tour de rôle. Pourtant, ils avaient des femmes : certains étaient même mariés et pères de famille. Je les connaissais. Ce sont des salauds. Mais dans le quartier, on ne leur a jamais rien dit.

Votre sœur – chargée plus tard, aux côtés du candidat Nicolas Sarkozy, de la prévention de la délinquance – a-t-elle vécu, connu ce genre de violences ?

L'endroit dont je parle ici, c'est principalement la cité du Stade, où j'ai passé ma « vie de délinquant ». La famille n'habitait plus là depuis les années 80, mais dans la cité du Bout-du-Lac. Rachida avait alors

16 ans. C'était un endroit calme, impeccable, pas du tout pourri ! Encore aujourd'hui, c'est nickel. Des voitures brûlées, je ne pense pas que ma sœur en ait vu de ses yeux. Rachida n'a jamais remis les pieds à la cité du Stade, qui depuis notre départ s'était vraiment dégradée… Elle y allait peut-être pour aller faire le marché, mais elle ne connaissait pas le cœur de la banlieue violente. Je ne pense pas qu'elle ait une idée précise de ce qu'est la délinquance. Ensuite, elle est devenue juge… Mais on voit rarement des juges dans les banlieues ! A-t-elle étudié le problème plus en profondeur, par la suite ? Si elle avait voulu me poser des questions, je lui aurais répondu. Comment fonctionnent les cités, l'économie souterraine des trafics, les violences. J'étais au milieu de tout cela !

Mais Rachida ne m'a jamais interrogé. C'est un rendez-vous raté avec ma sœur, et je le regrette profondément. Avant qu'elle ne devienne ministre, j'aurais peut-être pu lui apporter quelques conseils judicieux… Par exemple, depuis que Nicolas Sarkozy est arrivé au pouvoir, on parle sans cesse d'être plus dur envers les mineurs délinquants. Or j'ai été un mineur récidiviste. Rachida le sait parfaitement. Notre père a été très sévère avec moi et cela n'a pas changé les choses. J'avais plus peur de mon père que de la police et de la justice. Il m'a dérouillé, dérouillé, dérouillé… Résultat ? Néant. Je suis devenu délinquant.

Je pense qu'il faut communiquer avec les mineurs délinquants. Instaurer un dialogue. On ne perd rien à essayer. On a plutôt à y gagner. Être trop sévère, ça peut conduire à une impasse.

Chapitre 9

SOUS LE VOILE DES FEMMES

> « Pudeur et décence font partie de mon éducation. »
>
> Rachida Dati, France 2, 17 octobre 2008.

> « On peut être ministre et coquette. »
>
> Rachida Dati, *L'Express*, 5 juin 2008.

Souvent, les femmes arabes de la cité étaient pires que les mecs. Je me souviens d'une fille, F. Depuis que j'étais tout petit, elle était folle amoureuse de moi. Lorsqu'elle a su que j'étais amoureux de mon ex-femme, qui était très belle, elle a tout fait pour m'aguicher. Beaucoup de filles agissaient de cette manière. Le raisonnement était le suivant : la fille, elle est plus belle que moi, je vais tenter de me taper son mec ! Je parle de l'attitude des filles de la cité qui sortaient. Mes sœurs ne sortaient pas. À l'exception de Rachida, que mes parents ont laissé partir très tôt. Mes sœurs ne fumaient pas. Pas de cigarettes. Et jamais de cannabis.

Rachida était vraiment une exception ?

Oui, vraiment. Mes parents lui faisaient confiance. C'était la seule qui partait de la maison sans avoir à rendre de comptes. Cela s'est fait comme ça. Elle était sérieuse. Modeste, polie, sans histoires. À l'image de mes autres sœurs. Qui ont toutes gardé leur virginité jusqu'au mariage.

Mais peut-être ne savez-vous pas tout ?

Il y a eu les preuves. Lorsqu'elles se sont mariées, elles sont allées voir le médecin, qui leur a fait un certificat de virginité. Il faut comprendre que mon père vit encore avec cette tradition. Lorsque Houari a pris Dalila pour épouse, mon père a eu la certitude que sa belle-fille était vierge. Pour les deux dernières, Najate et Sânnaa, qui ne sont pas mariées, la tradition devrait se poursuivre.

J'insiste sur cette tradition familiale, parce qu'elle peut fournir une clef à la prise de position de votre sœur, garde des Sceaux, à propos d'un jugement singulier du tribunal de grande instance de Lille en avril 2008. Le jugement concernait un couple de confession musulmane. La justice a annulé un mariage parce que l'épouse avait menti sur sa virginité. Avant de faire machine arrière, Rachida Dati a approuvé le jugement…

Lors des mariages, Rachida comme moi avons assisté, en famille, au rite du drap blanc de la nuit de noces des époux. Mon père a toujours retiré une certaine fierté du fait que ses filles conservent leur pureté jusqu'au mariage. Encore une fois, toutes mes sœurs ont respecté cet usage – en ce qui concerne Rachida, je l'ignore, puisqu'il n'y a eu qu'un mariage civil à la mairie de Chalon et qu'il a ensuite été annulé.

Pour revenir à ce jugement qui annule un mariage pour mensonge sur la virginité, je serais tenté de partager le point de vue de l'époux. Mais je ne vois pas là une histoire de religion. Je pense tout simplement que la femme a menti, a trahi. Or les époux se doivent d'être honnêtes l'un envers l'autre.

Mais en ce qui concerne le véritable sujet, la nécessité que l'épouse soit vierge ?

Il y a quinze ans, avant mon mariage avec la mère de mes filles, ce respect de la tradition était important pour moi. Aujourd'hui, cela ne l'est plus. J'ai évolué, comme beaucoup de jeunes femmes de confession musulmane par ailleurs. Cette tradition ne se pratique plus systématiquement. Pour ce qui me concerne, je ne suis même pas marié avec la mère de mon fils Noah.

Comment s'est déroulé votre mariage avec votre première femme ?

Mes parents étaient absolument hostiles. Les familles arabes traditionnelles sont très attachées au statut social de la future belle-famille. Or, à l'époque, les parents et les frères de ma femme étaient chômeurs. On s'est donc mariés en cachette au Maroc, à Kénitra, il y a plus de dix ans. Une cérémonie sans ma famille. J'étais âgé de 25 ans. On avait déjà ma première fille, Rezouana, qui était âgée d'un an, et ma femme était enceinte de Damy, ma deuxième fille. Ça a été une déchirure pour moi, toujours douloureuse aujourd'hui.

D'autant plus que mes parents m'en ont voulu. Maman, plus douce, a su me pardonner, mais mon père ne m'a pas parlé pendant deux ans. À la maison, il m'évitait ; quand il me voyait, il changeait de pièce. Puis, avec le temps, ils ont accepté mes enfants, pour me faire plaisir, sans toutefois les traiter de la même façon que mes neveux et mes nièces ! Mon père s'est déplacé jusqu'en Chine pour la naissance du fils de mon frère, alors que pour la naissance de Noah, il n'est pas venu à Piennes, dans l'Est de la France… Ça m'a fait encore un peu plus mal. J'avais dit à une de mes sœurs : « Ce se serait bien si papa venait à la maison. » Il n'y a pas eu de suite. Si je lui avais fait cette proposition directement, je pense qu'il ne serait pas venu.

Au début, lorsque nous vivions à Lyon et que je venais saluer ma mère, mes deux filles et leur mère restaient dans la voiture.

Et vos frères et sœurs ?

La plupart me disaient que j'avais fait une erreur en me mariant sans la bénédiction de mes parents. Aux yeux de mon père, la tradition reste cruciale. Mon père est de tradition musulmane, « à fond ».

Et vous, êtes-vous, pour reprendre votre expression, de tradition musulmane… « à fond » ?

Je suis plus nuancé. Je ne demanderais pas – c'est un exemple – une dot aux maris de mes filles. Les générations changent. Mais je ne mange pas de porc. Mes enfants et ma compagne non plus.

Votre père a envoyé plusieurs de ses filles dans une école catholique, Le Devoir. Comment l'expliquer ?

Mon père avait travaillé pour cette école, donc, logiquement il a voulu y inscrire ses filles, dont Rachida, parce qu'il trouvait l'école sérieuse. Les garçons ont fait leur scolarité dans des écoles publiques. Mais cela ne nous empêchait pas de participer à des kermesses avec les religieuses, d'aller à l'église et de chanter des chants pour Jésus. Cela ne me choque pas… Pas plus que cela ne me choque de savoir que ma sœur Rachida va à la messe dans son arrondissement à Paris. Ce n'est pas interdit. Cela ne me dérange pas.

Êtes-vous pratiquants dans la famille ?

Je ne fais plus le ramadan depuis que j'ai perdu maman. Mais, par respect pour mon père, durant cette période, je fais abstinence. Je ne sais pas si Rachida obéit encore à la lettre à la doctrine musulmane. Elle a longtemps fait le ramadan.

Elle mène la vie qu'elle veut. Il n'empêche, lorsqu'elle était enceinte, mon père ne lui a pas parlé pendant deux mois. Mes sœurs ont tenté d'arranger les choses en lui disant : « Attends, tu vas rencontrer le père de la petite. »

Comment avez-vous appris que votre sœur était enceinte ?

Je ne m'en suis pas rendu compte immédiatement. L'été 2008, lors des vacances familiales au Maroc, Rachida a fait preuve d'une grande discrétion. Elle n'avait pas encore de ventre, et elle mettait des grandes robes. Chez nous, il existe une certaine pudeur. Les femmes ne crient pas sur tous les toits qu'elles attendent un enfant. J'ai le souvenir de l'avoir vue souvent allongée à Casa. Elle était constamment alitée sur les banquettes du salon. Elle n'était pas active comme d'habitude. Je me suis dit c'est peut-être la fatigue. Puis j'ai appris sa grossesse dans la presse. Ça m'a surpris !

Le 2 janvier 2009, un SMS expédié par ma nièce Sânnaa m'a informé que Rachida, admise à la maternité, avait accouché d'une petite fille. Lorsque j'ai eu mes sœurs au téléphone, elles m'ont dit : « Tu n'avais rien remarqué au Maroc ? » Effectivement, je n'y avais pas prêté attention.

Comment l'entourage familial a-t-il vécu cette grossesse très médiatisée ?

En octobre 2008, mon père a explosé lorsqu'il a vu à la télévision le secrétaire d'État aux Sports, Bernard Laporte, prendre la main de Rachida, enceinte, au pied de la tour Eiffel et dire : « Je ne suis pas le père de l'enfant ! » Devant les caméras, ma sœur a éclaté de rire. L'attitude de Rachida a mis mon père en furie. Il lui a raccroché au nez une vingtaine de fois lorsqu'elle a tenté de le joindre par la suite. Pendant deux mois, il a répété : « C'est terminé, je ne veux plus la voir ! C'est fini ! »

Mes sœurs ont tenté de raisonner Rachida. Lors d'une émission d'Arlette Chabot, elle a enfin répondu… sérieusement. La vérité, c'est que deux jours auparavant, elle avait eu mon père au téléphone, qui l'avait sermonnée. C'est la raison pour laquelle, le 17 octobre 2008, ma sœur, le visage fermé, a déclaré sur France 2 : « Je n'ai jamais exposé ma vie privée, encore moins ma vie intime. J'ai beaucoup de respect pour ma famille, en particulier pour mon père. Pudeur et décence font partie de mon éducation. »

Nous, nous avons vécu toute cette affaire comme un déshonneur. Nous sommes musulmans avant tout. Mon père appartient à l'ancienne génération, assez stricte. Il a dû rabaisser sa fierté devant les familles arabes du voisinage. Chalon-sur-Saône, c'est petit. Les gens murmuraient sur son passage : « Elle a fait un enfant… Le père, on ne sait pas qui c'est. »

De toute façon, c'est à ma sœur de dévoiler l'identité du père de Zohra. Certains ont affirmé que c'est José Maria Aznar, l'ancien Premier ministre espagnol, qui a démenti officiellement. C'est totalement impossible. Mon père n'aurait jamais accepté un homme marié !

Certes, votre père n'accepterait jamais un homme marié. Mais Rachida Dati a le droit de mener sa propre vie !

Oui, mais on a été éduqués d'une certaine manière.

N'a-t-elle pas le droit d'avoir un bébé « toute seule » ?

Chez nous, c'est difficile. Franchement, je ne l'ai pas comprise. Elle a tout de même sali mon père, indirectement !

Mais vous-même, ne l'avez-vous pas sali avec vos « conneries » ?

Moi, ce sont mes conneries. Je ne vois pas ce qu'il y a de rabaissant. Par contre, une femme qui joue au chat et à la souris à propos du père de son enfant ne devrait pas oublier qu'elle a encore un père en vie qui se promène dans les rues de Chalon. C'est un problème de fierté. Je ne trouve peut-être pas les mots. Elle a fait mariner tout le monde ! Mon père ne savait plus où se mettre. C'est un musulman avant tout. Même si ce n'est pas un intégriste. Il est pratiquant, il fait la prière, il a fait le pèlerinage à La Mecque. Il a toujours porté la parole de l'islam.

Mon père vit dans cette tradition. C'est comme cela dans sa tête ! Rachida lui a vraiment fait du mal avec cette histoire. Même moi, qui ai évolué sur le sujet, je lui en voulais un peu. En plus, cela a été médiatisé ; si encore c'était resté dans le cocon d'une petite ville…

Mais votre père lui a pardonné ?

Il lui a pardonné. Mais il a dit à mes sœurs : « Rachida aurait dû faire cela différemment. »

La vérité, c'est que l'on n'avait pas l'habitude de gérer ce genre de problème, d'une telle ampleur.

Sur le fond, la naissance de Zohra m'a surpris, car Rachida n'arrêtait pas de ressasser, depuis des années : « Je ne me marierai jamais, je n'aurai jamais d'enfant. » Elle assurait qu'elle en avait assez avec sa propre famille. Mes parents lui prenaient la tête. « Il faut que tu te maries ! Que tu aies des enfants ! » Elle faisait la sourde oreille. Mes sœurs répétaient : « Rachida n'épousera jamais personne ! Elle n'aura jamais de bébé. » Et voilà qu'aujourd'hui, tout est bouleversé !

Est-ce que vous êtes content pour elle ?

La naissance d'un enfant, c'est toujours joyeux. Maintenant, c'est sa vie. La seule chose qui me ravit vraiment, c'est qu'elle a donné le prénom de ma mère à sa fille.

Avez-vous vu la petite Zohra ?

Je l'ai vue une fois, à Chalon-sur-Saône, chez mes parents. Zohra est typée arabe, mais elle a le visage tout rose, elle ressemble à ma nièce Sânnaa. Les deux premiers mois, elle était à Drancy chez ma sœur. Avec une nourrice 24 heures sur 24.

Et vous n'êtes pas allé la voir à la maternité ?

Non, mais j'ai su que lorsque Rachida est sortie de la maternité, l'enfant n'était pas dans le couffin. Mes sœurs me l'ont appris lors d'une réunion familiale, chez mes parents, alors qu'elles commentaient les fameuses photos prises devant la clinique de la Muette. « On a fait autrement », m'ont-elles assuré… Les journalistes massés devant la clinique auraient pu bousculer la mère et l'enfant et faire du mal à la petite Zohra. En fait, ils ont fait sortir le nourrisson sans Rachida, en catimini, pour éviter la presse. C'est pourquoi on voit ma nièce, Sânnaa, pouffer sur les photos à la sortie de la maternité : l'entourage fait semblant de regarder le bébé pendant que les journalistes mitraillent la nouvelle maman.

Pourquoi ce cinéma ? Pourquoi dissimuler le visage de Zohra ? À un moment donné, je me suis dit Rachida en fait trop. Sors avec ton bébé et puis qu'on n'en parle plus ! Pour le reste, je me contrefiche de la polémique sur le fait de savoir si ma sœur devait reprendre le travail plus tôt ou plus tard. Si elle se sentait en bonne santé, ce choix lui appartient !

Chapitre 10

MADEMOISELLE RACHIDA

Au moment de dire oui, lors de son mariage civil avec un ingénieur algérien, en août 1992 à Chalon-sur-Saône, Rachida a jeté un regard plein de reproches à mon père, puis à ma mère. Et elle s'est mise à pleurer… Juste au moment où l'adjointe au maire prononçait la formule consacrée : « Voulez-vous prendre pour époux… » Peut-être n'avait-elle pas envie de se marier ?

À mes yeux, pourtant, cela n'a jamais été à proprement parler un mariage forcé.

Une de mes sœurs, Jamila, a été obligée de s'unir à un homme alors que ce n'était pas son souhait. Lorsqu'elle s'est mariée, elle ne connaissait pas son époux, qui a, quand même, douze ans de plus qu'elle. Elle ne l'avait même jamais vu. Jamila était étudiante à Nancy. Mes parents avaient un peu peur pour elle. Ils la trouvaient… distraite ! Ils ont exigé qu'elle vienne un week-end. Elle ne voulait pas. Ils ne l'ont pas frappée, ils ne l'ont pas séquestrée, ils n'ont pas menacé de la faire repartir au bled. Mais ils lui ont dit : « Il faut que tu te maries. » Elle a pleuré. Elle avait 18 ans. Lorsque

Jamila en reparle aujourd'hui, elle est assez philosophe : « On m'a mariée de force, mais j'aime mon mari. » Ils ont eu cinq enfants ensemble. Je ne dirais pas qu'il s'agit d'un mariage forcé, je préfère le terme de « non désiré ».

Pour Rachida, cela ne s'est pas déroulé de cette manière. Lorsque nous sommes partis en Algérie, notre oncle Mohamed nous a présenté une famille avec un garçon à marier. Deux, trois jours plus tard, mes parents se sont dit : « On va les marier ! » Rachida ne s'est pas immédiatement opposée à cette union. Son futur époux est ensuite arrivé en France avec elle. C'est après la cérémonie du mariage, lorsqu'ils se sont installés en Bourgogne, dans la maison familiale, que l'on a vu que cela ne collait pas. Au bout de trois jours, le couple ne communiquait plus. Ils se chamaillaient en permanence. Rachida a alors demandé à mon père de parler à son mari. Trois, quatre jours plus tard, ce dernier est reparti en Algérie, et Rachida a entamé une procédure pour faire annuler son mariage… Officiellement, c'est le premier homme que l'on a connu avec Rachida.

Votre sœur s'est montrée généreuse envers ses frères et ses sœurs. Comment a-t-elle aidé les uns et les autres ?

Rachida a installé la plupart de mes frères et sœurs dans la vie professionnelle, souvent avec l'appui de ses relations. Mais bon, ce n'est pas un secret d'État. Elle le revendique ! Elle se vante de pouvoir donner un coup de main à la famille par l'intermédiaire de ses réseaux. Elle a même confié à la presse : « Je les ai installés dans la vie qu'ils ont[1]. »

C'est grâce au concours de son ami Henri Proglio, le patron de Veolia, que j'ai obtenu un boulot. Rachida a pu trouver un emploi à Jamila chez Onyx, un centre de recyclage, mais par la suite, Jamila a gravi les échelons toute seule. Rachida a également permis à Nadia d'obtenir une place dans une entreprise à Paris. Enfin, Najate, la dernière de la famille, chouchoutée par tout le monde, a trouvé son poste à Dubaï. Pour terminer, Rachida a mis le pied à l'étrier à Kamal, en Chine.

Les autres ont fait des études et sont arrivés par leurs propres moyens. Houari a travaillé dur pour devenir ingénieur. Même chose pour Malika dans le corps enseignant.

À plusieurs reprises, ma sœur a aidé financièrement la famille. À Noël, elle donne régulièrement une enveloppe avec du liquide pour tout le monde. Lorsqu'on se croise, elle me donne de l'argent, et également par l'intermédiaire de Jamila et de Fathia. Ça m'est arrivé de lui demander de l'argent, lorsque j'avais des dettes par exemple, ou pour remplacer ma voiture après un accident. Cette fois,

1. *Le Nouvel Économiste*, 6 septembre 2007.

il me manquait 1 500 euros. J'ai appelé Fathia, qui a transmis le montant à ma sœur. Rachida a voulu que je lui apporte une preuve, alors j'ai donné à Fathia les coordonnées du garagiste, qui a confirmé. Et Rachida m'a donné la somme. Je l'ai remerciée par texto. Fathia, Omar ou Jamila me dépannent aussi financièrement. Ils me donnent un petit billet lorsqu'on est en week-end. Je ne leur demande rien. Rachida m'a également donné 300 euros lorsque j'étais au Maroc l'an dernier pour mes vacances. Elle m'a donné une fois 1 000 euros pour l'achat d'une Audi. Mes sœurs lui ont dit : « Regarde, il n'a rien. Il vient seulement de se sortir du pétrin ! » Mais elle m'a aussi dit non. Parfois, je rame pour obtenir des choses de sa part. Alors que mes autres frères et sœurs, il suffit qu'ils lèvent le petit doigt pour avoir ce qu'ils veulent…

Ne vous dites-vous pas parfois que votre sœur en a assez que vous lui demandiez de l'aide ?

Assez ? Assez ? De quoi ? Aujourd'hui, je suis tranquille. J'aurais besoin d'un peu de reconnaissance de sa part. Je n'avais jamais eu de boulot de ma vie. C'est mon premier CDI.

Lorsqu'elle était juge, après 1999, Rachida a souvent tenté d'aider des personnes confrontées à des difficultés. Une fois, elle a même joué le rôle de marieuse ! Une famille qu'elle connaissait avait une fille à marier. Rachida leur a présenté un de nos cousins, au Maroc, et elle s'est investie personnellement pour que ce cousin puisse rejoindre la France et l'épouser. Rachida est également intervenue directement pour une famille de la cité. Les parents étaient venus réclamer son aide à mon père. C'était un dossier de regroupement familial pour un couple. Le mari voulait que sa femme le rejoigne en France. Ma sœur l'a aidé… L'homme galérait depuis deux ans, car il avait uniquement des contrats en intérim. Or, pour la demande, il fallait un logement et un boulot stables. Rachida a réussi à accélérer le dossier. En deux, trois mois, elle a résolu son problème. Elle connaissait les bonnes personnes. Rachida a aussi épaulé des gens illettrés qui ne comprenaient rien à leur pension d'anciens combattants. Elle a réussi à leur obtenir des arriérés. C'est gentil de sa part, là-dessus, je ne peux rien dire !

Ma sœur est généreuse, mais aussi ambitieuse.

Elle a quitté la maison très tôt pour travailler : au sein du groupe Elf Aquitaine, où elle était chargée d'études à la direction comptabilité-finances, puis comme auditrice chez Matra Communication. J'ai été assez surpris d'ailleurs qu'elle se soit ensuite lancée dans la magistrature. Je ne l'imaginais pas dans cette profession. D'autant moins que je ne l'avais jamais entendu dire que cela était une de ses ambitions ou l'un de ses projets. Elle semblait plus intéressée par le monde de l'entreprise, puisqu'elle avait travaillé à la Banque européenne à Londres et à la Lyonnaise des eaux.

Quelles étaient ses ambitions ?

Obtenir un poste assez important. Comme ceux qu'elle occupait précédemment chez Matra ou Elf Aquitaine. On en était fiers. À la maison, à l'époque, on avait encore des relations tous les deux.

J'avais 23 ou 24 ans. J'étais marié et père de famille, on se voyait lors des réunions familiales, un week-end par mois environ. C'était déjà, c'est vrai, une relation un peu froide, distante, à cause de mes conneries. Lorsque je questionnais Rachida, j'obtenais rarement une réponse. Elle était assez indifférente, cassante. « C'est comme ça et pas autrement. » Mais quand on dit d'elle qu'elle a traité ses collaborateurs du ministère de la Justice de « connards », cela m'étonne ! Elle a toujours bien parlé à la maison.

Évidemment, pour les autres membres de la famille, Rachida a toujours été un exemple. « De détermination », pour reprendre son expression. Ma sœur a commencé très tôt à obtenir des postes prestigieux, à fréquenter des gens influents. Sa méthode ? Je l'ignore. Comment a-t-elle réussi à s'introduire dans ces milieux ? Je ne sais pas dans le détail. Rachida y allait à l'audace, au culot. Elle a toujours été débrouillarde. Elle a un tempérament de feu. Elle fonçait. Elle persévérait. Elle ne lâchait jamais. Lorsqu'elle désirait quelque chose, elle l'obtenait toujours. Enfin, presque. En plus, elle a souvent eu une bonne étoile. Pour le reste, elle a toujours apprécié la compagnie des gens « importants ». Elle avait l'un des plus beaux carnets d'adresses de Paris ! Mais je ne l'ai jamais vue se vanter : « Tiens, j'ai rencontré cette personne, elle va m'aider ! » Lors des réunions familiales, j'entendais les noms de personnalités. Simone Veil. Albin Chalandon. Élisabeth Guigou. Maman avait été invitée à un rendez-vous avec le comédien Roger Hanin à Paris.

Est-ce que cela vous a étonné que votre sœur travaille par la suite aux côtés de Nicolas Sarkozy ?

Étonné, non. Je savais que cela faisait pas mal de temps qu'elle était à ses côtés, attachée à son cabinet. Cela dit, en ce qui concerne l'orientation politique, dans ma famille, on était proches des socialistes, de François Mitterrand. Mes parents s'intéressaient beaucoup à la politique, mais ils penchaient plus pour la gauche que pour la droite. Même si en matière de sécurité ou… d'insécurité, mon père n'était pas franchement laxiste !

Personnellement, je ne crois pas trop à la politique.

Je n'ai jamais voté. *[Jamal Dati a été privé de droits civiques après sa condamnation, mais peut voter depuis sept ans.]* Je ne le regrette pas. Mais j'ai une sensibilité de gauche. Dans mon esprit, la gauche est plus compréhensive, plus humaine que la droite. J'apprécie, par exemple, Olivier Besancenot. Quand on l'entend, on a l'impression qu'il raconte notre vie. La vie misérable que nous, les jeunes de banlieue, avons vécue. Il a saisi le malaise qui existe en France. La galère des jeunes des cités. Ses solutions m'apparaissent plus sensées que celles de la droite. Il n'a pas tort lorsqu'il dit que les gens vont faire la révolution… Les gens vont se relever. Un deuxième Mai 68 pourrait bien arriver ! La vie est difficile. Avec mon salaire, je survis à peine.

Maintenant que ma sœur est à droite, tout le monde suit ! Elle est de droite, alors on devrait tous être à l'UMP, derrière le président. À une exception près, moi. Je ne suis pas de droite. Je ne voterais jamais à droite. Et je voterais encore moins pour Sarkozy.

D'autant plus que j'estime que Nicolas Sarkozy s'est servi de ma sœur. Au départ, c'était « Rachida ! Rachida ! » parce qu'il savait que la communauté d'origine maghrébine était importante en nombre de voix potentielles. Alors, Sarkozy a mis une Arabe au gouvernement. Il a fait un calcul politique pendant sa campagne électorale : elle va m'aider, me rapporter des suffrages. Et il ne s'est pas trompé. C'est un malin ! Un filou, même…

Rachida Dati est-elle devenue l'icône des Beurettes ? Précisément, à Chalon, dans votre quartier, est-ce que vous avez entendu des gens dire que c'était une bonne initiative, une Beurette au gouvernement ?

Dans la cité où j'habitais, non, parce que Sarkozy y est mal-aimé. La majeure partie des Beurs a critiqué les Dati. On était des « vendus » ! Cela dit, il existe un pourcentage de Maghrébins favorables à Sarkozy, qui disent qu'ils en ont assez du bordel. Mais à Chalon, tout le monde ne porte pas Rachida Dati dans son cœur, il faut le reconnaître. À partir du moment où ma sœur est devenue ministre, les gens de la cité du Stade nous ont regardé... avec mépris. D'un autre œil. Comme si on était des lâches. Presque comme si on avait vendu notre âme.

Chapitre 11

SALE CARACTÈRE

> « Comme moi, il [Nicolas Sarkozy] ne supporte pas d'être humilié. »
>
> Rachida Dati,
> au congrès fondateur de l'UMP,
> *Le Nouvel Observateur*, 5 février 2009.

> « Sur mes douze enfants, c'est la seule qui est comme cela, les autres sont plus calmes. »
>
> M'Barek Dati, *VSD*, 25 mars 2009.

J'ignore pourquoi Rachida ne s'est jamais remariée, mais le tempérament de ma sœur est difficile à supporter. Avec son caractère trempé, trouver chaussure à son pied n'est pas évident. Ma sœur est extrêmement autoritaire. Personnellement, je ne pourrais pas vivre à ses côtés. C'est peut-être à cause de son « sacré caractère » qu'elle a collectionné les échecs amoureux. À mon avis, peu d'hommes sont capables de la supporter au quotidien.

Comment fonctionne-t-elle ?

On doit se conformer à ce qu'elle exige. C'est extrêmement difficile ! Les copains de mon père ont toujours plaisanté sur le fait que Rachida valait… sept hommes. Ma sœur a un caractère « pire » qu'un homme. L'autorité, elle l'a toujours eue, chevillée au corps. Elle a toujours été dure. À la maison, devant moi, je ne la vois jamais sourire. Et quand je la regarde à la télé, c'est le jour et la nuit. Elle semble épanouie. Je n'arrive pas à comprendre pourquoi elle est aussi froide, distante, cassante dans le privé.

J'ai l'impression qu'elle m'en veut. Et pourtant, on ne s'est jamais accrochés. Je ne suis animé d'aucun esprit de vengeance. C'est ma sœur et je l'aime. C'est ma sœur de sang. Nos parents nous ont appris l'entraide fraternelle. On doit être solidaires, à l'écoute de l'autre.

Quand vous dites « moi, je ne pourrais pas vivre à ses côtés », qu'est-ce que cela signifie ?

Dans la vie de couple, il y a forcément des compromis. Or quand Rachida entreprend quelque chose, il n'y a pas d'alternative. Elle décide, cela ne se discute pas ! Rachida avait peur de mon père. Mais elle s'est affirmée. C'est la seule qui arrive à lui tenir tête. Lorsqu'elle donne un coup de main pour remplir des documents administratifs, mon père conteste parfois sa manière de faire, alors ils se disputent ! Et mon père boude pendant deux ou trois jours. C'est arrivé récemment au Maroc. Ils se sont regardés en chien de faïence pendant quarante-huit heures ! En fait, elle a hérité du caractère entier de mon père. Une seule façon de faire, la sienne ! C'est ça ou rien !

Elle a selon vous un petit côté « dictateur » !

Voilà. On peut le résumer ainsi ! *(Rire.)*

Tout tourne autour de Rachida. De toute façon, mon avis ne compte pas. Elle a peu de considération pour les gens fragiles ou les gens qui se plaignent, qu'ils aient ou non des motifs de le faire. Sa doctrine ? Il faut réussir par le travail. Mais tout le monde n'a pas la chance d'avoir eu des relations, comme elle. La chance et la possibilité de foncer… Mon père disait : « Il faut travailler, on ne réussira que par le travail. » Mais il offrait le choix à mes frères et à mes sœurs de s'orienter dans la vie professionnelle comme ils l'entendaient. Aujourd'hui, on a l'impression que c'est Rachida qui a pris la relève, qui dirige tout, qui fait tout, qui gère tout. De toute façon, tout tourne autour d'elle en permanence. Lorsque j'ai vu mes sœurs et mes frères parler de Rachida à l'émission de Mireille Dumas, j'ai eu l'impression que certains avaient retourné leur veste. Aucun reproche ! Aujourd'hui, plus personne n'ose contester. Finalement, j'aurais moi aussi préféré qu'elle soit à la tête d'une entreprise, plutôt qu'elle fasse de la politique…

Est-ce que vous avez l'impression que depuis la mort de votre mère, Rachida s'est imposée comme un second chef de famille ?

Elle l'a toujours été. Parce que c'est elle qui s'est toujours occupée de tout.

Elle avait peut-être les capacités pour ça, mais elle devrait avoir l'humilité de demander leur avis aux autres. Rachida, par exemple, a imposé leurs études à certaines de mes sœurs. Noura n'était pas ravie de la branche qui avait été choisie pour elle, mais Rachida lui avait préparé les dossiers pour entrer dans une école et on lui a dit : « Tu fais comme ça et pas autrement ! »

Vous la trouvez belle, votre sœur ?

Oui. Bien sûr. C'est une belle femme. Une belle femme qui est devenue ministre et à qui on ne peut plus rien dire. C'est anormal !

Mais vous pourriez être fier de son parcours ?

Qui ne serait pas fier d'avoir une sœur ministre ? Mais à vrai dire, je n'ai plus vraiment d'émotion depuis la mort de maman. Avant, je pouvais être content pour un oui ou pour un non. Mais depuis que j'ai perdu ma mère, quelque chose s'est brisé en moi. Et donc, le jour où elle est arrivée au ministère, cela ne m'a fait ni chaud ni froid.

Dans un livre d'entretien, Rachida Dati raconte qu'en tant que garde des Sceaux, elle ne peut pas parler du problème des délinquants sexuels au téléphone à un journaliste qui l'interroge, parce qu'elle est en présence de son père. C'est curieux, non ?

Non. C'est une marque de pudeur devant mon père. On a été élevés comme cela. On ne peut pas parler de relations sexuelles, même les garçons. Moi, je ne peux pas dire devant mon père ne serait-ce que : « Tiens, j'ai rencontré une fille. » À ma mère, oui. À maman, je pouvais dire : « J'ai rencontré une amie… Ce soir, je vais dormir avec elle. »

Mes sœurs pouvaient se confier. « Je me suis engueulée avec mon mari. » « Je suis enceinte… » Les filles comme les garçons pouvaient déballer une partie de leur intimité à maman. Devant mon père, il faut de la retenue. Par exemple, Rachida se maquille très légèrement lorsqu'elle vient à la maison. Comme toutes mes sœurs. Elles ne portent pas de tenues provocantes. Pas de décolletés ou de jupes trop courtes. Par respect.

Et les robes des grands couturiers (Yves-Saint-Laurent, Christian Dior) portées par votre sœur ?

Je ne pense pas que mon père ait vu sa fille dans sa robe rose et rouge de chez Dior à la une de *Paris Match*, ou avec sa jupe noire fendue, ses bottes à talons hauts et ses bas résille... Depuis la chancellerie, Rachida lui expédiait chaque semaine par courrier une sélection des journaux où l'on parlait d'elle. Pas la totalité, pour ne pas gêner mon père ! Et puis, il n'est pas le genre de lecteur à s'intéresser à la presse people. Je suis persuadé qu'il ne l'a pas vue en maillot de bain dans certains magazines. Moi, tout cela m'a choqué ! Je n'ai jamais vu une ministre de la Justice faire ces choses-là. Cela a été une erreur de sa part. On l'a mal conseillée. Top model et ministre de la Justice, ce sont deux choses différentes. Les Français l'ont aperçue dans des tenues Dior, alors que la crise venait de commencer... Madame avait sur le dos des toilettes à je ne sais combien de milliers d'euros !

Pourquoi a-t-elle posé dans ce genre de tenues ? Pour se faire remarquer ? Les photos avec les grandes bottes, c'est ridicule ! C'était vraiment sa volonté, ou s'est-elle fait manipuler ? On ne saura jamais le fin mot de l'histoire. Rachida, au départ, ce n'était pourtant pas quelqu'un qui se met en avant. Mais quand elle est arrivée au ministère, son comportement a changé. Ça lui est monté à la tête ! Intelligente comme elle est, comment a-t-elle pu accepter de faire des photos de mannequin ?

Est-ce que cela vous pose problème que l'on trouve votre sœur séduisante à la une des magazines ?

Oui, cela m'ennuie. Moi, j'ai déjà vu mes sœurs en maillot de bain, et puis je m'en fiche. Mais mon père n'a jamais vu ses filles en maillot de bain sur la plage. Une fois de plus, on en revient à l'éducation reçue. Nous, on était torses nus. Les filles en robe. Ce n'est pas parce qu'elle est ministre que Rachida peut tout se permettre.

Mais votre raisonnement est singulier. À votre avis, pour un père, qu'est-ce qui est le plus difficile : avoir un fils toxicomane ou une fille ministre qui porte des robes haute couture ?

Je ne pourrais vous répondre…
(Une pause.)
Je crois que pour mon père, le plus blessant, c'était de voir que les photos de sa fille en maillot de bain étaient diffusées dans toute la France, plutôt que de savoir que son fils consommait de la drogue… Le plus humiliant, c'est ce qu'elle a fait. Ce sont des tenues légères. On voit quand même des parties de son corps… Dans le fond, je regrette qu'elle n'ait pas eu plus de pudeur. Il ne fallait pas oublier que mon père était toujours là.

Mais en France, il y a eu tout un combat pour la libération des femmes, afin qu'elles aient une vie sexuelle épanouie sans avoir à subir la pression des hommes...

Une femme a le droit d'avoir des aventures avec qui elle veut. Mais parfois, la vie est plus compliquée.

Par exemple, il m'est arrivé d'avoir un coup de folie parce que j'étais jaloux. Un épisode que je regrette profondément aujourd'hui. Je vivais avec ma future femme, la mère de mes filles. Un jour, mes copains, des « fidèles », m'ont informé d'un bruit qui courait dans la cité. « Il y a un gars qui tourne autour de ta femme ! » C'était un mec de la cité voisine. J'ai décidé de l'attendre devant son domicile. Personne. Un de mes copains lui a téléphoné. « Faut que tu viennes, faut que je te parle. »

Moi, je patientais dans une cave. Le mec a débarqué. Sur place, je l'ai interrogé. Il niait. Et je l'ai démoli à coups de poing. Fallait pas toucher à ma copine ! J'ai giflé ma femme parce qu'elle avait parlé avec lui ! Je ne suis évidemment pas fier de cet épisode...

Elle était très belle. Le portrait craché de Joséphine Baker. Des yeux verts magnifiques. Teint mat, coupe au carré. J'en étais complètement dingue. J'aurais pu tuer pour elle ! J'aurais pu planter quelqu'un ! Dans la cité, les jeunes ont de la fierté. Si on « touche » à ta femme, c'est comme, passez-moi l'expression, si on te baissait le pantalon !

Finalement, n'êtes-vous pas macho ?

Oui, d'une certaine façon, je dois être un peu macho. Mais pas dans le sens où je dirais à ma femme : « Toi, tu te la fermes ! » Non.

Mon père a toujours dit que la femme avait sa place. L'homme doit respecter la femme, et inversement. Voilà ce qu'il nous a inculqué. Mon père n'a jamais dit à mes sœurs : « C'est ton mari, tu t'écrases. »

Chapitre 12

DEALER

« Quand la drogue touche sa famille, on s'interroge sur ce que l'on a fait ou oublié de faire. »

Rachida Dati,
Je vous fais juges, Grasset, 2007.

Comment avez-vous basculé dans le trafic de drogue ?

L'argent. L'appât du gain. C'est pour cela que la drogue est arrivée dans ma vie, en 1994, 1995. On a commencé avec une « savonnette », on a fini avec un kilo. Pendant des vacances au Maroc, j'ai rencontré un grossiste basé en Hollande. On a sympathisé durant la traversée entre Tanger et la France. Il s'est très vite aperçu que j'étais « dans le mouvement », dans le trafic. Il m'a donné son numéro de téléphone. Je l'ai revu un mois et demi plus tard. J'avais une vingtaine d'années.

À mon retour à Chalon, j'ai parlé de cette rencontre à mes deux copains. « C'est un truc intéressant. Il nous faut juste un peu d'argent. »

Il fallait avancer au moins 25 % de la somme pour démarrer. On s'est débrouillés pour dénicher le fric, le produit de nos différents vols. Au total : 10 000 francs. Puis, on est partis en Hollande pour chercher du shit de qualité. Le grossiste me faisait confiance. Il était originaire de la même ville que moi, Casablanca. Il savait où j'habitais. Pas de souci ! En Hollande, ils nous ont avancé 4 à 5 kilos de hasch.

On était partis là-bas à trois, avec une 205 GTI blanche. Notre mot d'ordre : passer la douane, quoi qu'il arrive ! S'il y avait un problème, on cassait le barrage. Le calcul était le suivant : s'ils nous arrêtaient, on prenait deux ou trois ans de prison. Si on forçait le barrage, ils nous rajoutaient un an. C'était quitte ou double. En cas de pépin, donc, on forcerait le barrage en évitant de blesser quelqu'un.

Le sac contenant la dope était à mes pieds.

Comment s'est passé votre retour ?

J'ai garé la voiture sur un parking à Champforgeuil. Je l'ai laissée toute la nuit là-bas avec les « produits » dedans. Et je suis rentré à la maison à 3 heures du matin. Le lendemain, j'ai appelé les copains. On s'est installés dans un appart. Chacun a pris sa part et on a préparé les barrettes.

On vendait des bouts de 20 ou 25 grammes, dans la cité et aussi à l'extérieur. Ça pouvait aller du jeune au gars de 50 ans. Dans la cité, tous les jeunes fumaient. 90 % de la cité fumait. À l'époque, des adolescents à partir de 16 ans et plus, mais aujourd'hui, cela s'est dégradé, c'est à partir de 12 ans que les jeunes se défoncent au shit.

Ça ne vous posait pas de problème de vendre du shit à des adolescents ?

À l'époque, on était totalement inconscients.

Aujourd'hui, je considère que c'est une vraie bêtise. J'ai fait des conneries sans m'en rendre compte, on va dire. Aujourd'hui, je ne le referais pas. On aura beau me proposer tout l'or du monde, ce n'est pas moi qui vais vendre de la drogue à un adolescent ou à un adulte. Je ne recommencerai plus. Ça, c'est certain !

Étiez-vous un trafiquant armé ?

Non. Il ne fallait jamais se trimballer avec des armes sur un long trajet. À l'aller comme au retour, si la police trouvait une arme pendant un simple contrôle de routine, elle approfondissait les recherches, et c'était la catastrophe !

Je ne me promenais jamais avec des armes. À une exception près. Le jour où je suis parti avec 35 000 francs dans une grosse sacoche marron. Car je faisais l'affaire tout seul.

Quel type d'arme aviez-vous ?

Un 9 millimètres. J'avais juste deux balles dedans. Ça me suffisait largement pour me défendre et me sauver. En France, je l'ai dissimulé dans la voiture. Près de la roue de secours. Arrivé en Belgique, en revanche, je l'ai mis à ma ceinture. Sur cette route-là, ma crainte, c'étaient les fameux rabatteurs. Ceux qui travaillent pour des grossistes en Hollande et qui vous « rabattent » chez eux. La moitié d'entre eux étaient des voleurs, des braqueurs, des arnaqueurs. Bon, ça mérite une petite explication.

Les rabatteurs stationnent souvent sur des parkings en Hollande. Avec des jumelles, ils repèrent les plaques d'immatriculation allemandes, françaises, suisses, espagnoles ou italiennes. Pour eux, ce sont des clients potentiels, qui viennent soit fumer, soit acheter. Donc hop ! ils vous prennent en chasse ! Au début, ils vous font des appels de phares. Alors que vous êtes à 100, 130 kilomètres/heure sur l'autoroute, ils vous collent et ils vous font des signes vous invitant à les suivre. Lorsqu'on sait où l'on va et que l'on n'a pas besoin d'eux, on tente de leur faire comprendre que l'on va simplement fumer des joints… Pas évident ! Parfois ils s'énervent. Une fois, ils ont jeté une cannette de Coca-Cola sur le pare-brise de la voiture. On a donné un coup de volant. On a eu peur ! La plupart, ce sont des sans-papiers, des clandestins employés par les dealers. Sur chaque client « rabattu », ils touchent une commission. Alors, moi, lors mon expédition en solo, j'ai pris une arme pour ne pas me faire braquer, pour ne pas me faire dépouiller. Les rabatteurs sont sans pitié. Ils peuvent te coller un flingue sur la tempe ! Qu'est-ce que tu fais lorsque tu es tout seul ? Tu es bien obligé de leur donner l'argent. Tu ne vas pas risquer ta vie pour 1 500 ou 3 000 euros…

Vous étiez donc armé. Qu'alliez-vous chercher ?

13 ou 14 kilos de shit. Du shit « gras », comme ils l'appellent, le plus cher. La meilleure qualité. Avec ce type de shit, vous faites le maximum de bénéfices !

En Hollande, le gars à qui je rendais visite possédait deux ou trois appartements dans lesquels il trafiquait. Je passais deux jours là-bas, le temps pour lui de conditionner les produits. En général, le grossiste offre un cadeau, 2 kilos de hasch supplémentaires.

Aviez-vous peur lors de ces voyages ?

Non. À l'époque, encore une fois, j'étais totalement inconscient. Peur de rien. On y allait. Point barre. Quand aujourd'hui, je repense à tout ce que j'ai fait, je me dis que j'étais fou. Ce n'est pas moi qui ai fait ça ! Peut-être parce qu'aujourd'hui, j'ai plus de plomb dans la cervelle.

Le trafic se déroulait sans problème ?

À Chalon, il y avait beaucoup d'indics. Beaucoup de trafiquants qui balançaient leurs concurrents à la police. En fait, il existait plusieurs petits réseaux dans la cité. Lorsqu'un réseau s'enrichissait, les rivaux voulaient le « casser ». Chacun avait sa manière pour subsister. Il y avait ceux qui décimaient les adversaires en leur tirant dessus, d'autres qui volaient le pactole ou la cargaison. Et enfin, ceux qui informaient la police de manière anonyme des activités de leurs concurrents. Parce que, dans la cité, on savait presque tout sur tout le monde.

Vous pensez qu'on vous a balancé ?

J'en ai la conviction. Pas lorsque nous trafiquions du cannabis, mais plus tard, lorsqu'on a « travaillé » dans l'héroïne. Ce deuxième réseau a été balancé par lettres anonymes. Trois ou quatre courriers sont arrivés au commissariat de Chalon. Les policiers nous ont mis sur écoutes pendant dix mois. Ils nous ont laissé faire notre petit manège. Ils ont observé nos allers-retours en Hollande, puis ils nous ont interpellés. De toute façon, la police a toujours besoin d'indicateurs. C'est rare qu'elle y arrive toute seule. Sans indics, pas de bons résultats ! Généralement, les policiers sont parfaitement au courant que la personne qui vient au commissariat pour balancer un réseau trafique elle-même ! Ils connaissent même le motif de la dénonciation. Mais les stups font le raisonnement suivant : on prend d'abord les informations fournies par la balance, et on s'attaque au réseau indiqué. Le délateur, on l'attrapera plus tard. Ils laissent l'indic tranquille plusieurs mois... Et ensuite ils l'interpellent. Ils n'ont pas d'états d'âme. C'est souvent comme cela.

Pour en revenir à votre trafic de cannabis, combien de fois êtes-vous retourné en Hollande après votre premier coup ?

Après, on y allait une fois par mois. Petit à petit, le business se développait. D'une trentaine de clients, on est passés à cinquante. Parfois, on piquait les clients des autres. On cassait les prix. C'est ça qui est source de conflit et, par voie de conséquence, qui fabrique des indicateurs. « Ah ! Tu me prends mes clients ! se dit le trafiquant. Je vais aller te balancer à la police ! »

Combien de bénéfices faisiez-vous ?

On investissait 100 000 francs. On faisait 70 000 francs de bénéfice. Chaque fois, j'arrivais à mettre 10 000 francs de côté pour mon « salaire ». Mon « bénéfice net », en espèces, je le mettais dans une sacoche que je planquais dans l'appartement de proches. Ils le cachaient dans une chambre à coucher fermée à clef. J'avais installé moi-même la serrure afin d'éviter que les membres de cette famille, qui étaient sans emploi, soient tentés. Je me méfiais de tout le monde.

J'achetais leur discrétion. Je donnais une enveloppe hebdomadaire de 500 francs. J'ai même offert un vaisselier complet, une salle à manger, des tapis pour chaque chambre. Ils fermaient les yeux. Comme l'ami chez qui je planquais l'argent de la drogue partait souvent au Maghreb, je lui donnais 4 000 francs, 5 000 francs pour ses vacances.

Que faisiez-vous avec les revenus que vous tiriez du trafic de drogue ?

100 % de mon train de vie provenait du trafic. J'ai entièrement équipé notre F3 à Lyon avec cet argent-là. Tout l'électroménager. La gazinière. Le micro-ondes. La vaisselle. Mais aussi l'achat d'un beau buffet en bois rustique que l'on a fait venir de Chalon. Les bibelots. Une chambre à coucher toute neuve. Je réglais le loyer mensuel de 500 francs. J'achetais des habits de marque. Lacoste. Ralph Lauren. Adidas. Des parfums. Les autoradios. Une voiture de temps en temps. Fallait être à la page pour tout. Les baskets, c'était 1 000 francs. J'en prenais une paire toutes les semaines. Tous les soirs, on sortait. Dans les boîtes, les restaurants. Dans une journée, il m'est arrivé de gagner 3 000, 4 000 francs.

Je donnais un peu d'argent à ma mère, en cachette. Je faisais des courses. Je lui apportais de la viande. Je lui achetais du parfum Chanel et Dior, qu'elle appréciait. J'évitais de lui donner des grosses sommes, parce que j'avais peur de l'inquiéter. Chaque semaine, je lui donnais 500, 1 000 francs en lui demandant de ne rien dire à mon père. Une fois, mon père a eu des soucis avec un camion. J'ai réglé la facture de l'embrayage au garage. Mais mon père avait des doutes. Il devait bien voir que je n'étais pas clair.

Un jour, il a découvert une savonnette (250 grammes) de shit à la maison. Ce soir-là, je devais faire une transaction, mais le client n'avait pas acheté l'intégralité de la marchandise. Il en restait, et je ne savais pas où le mettre… Donc, je l'ai caché dans le jardin. À mon avis, mes parents m'avaient entendu dans la cuisine lorsque j'étais rentré. Le lendemain, vers midi, je me suis levé… Plus de sac ! Je devenais fou. Je suis allé voir ma mère. « Maman, faut que tu me redonnes ça ! Ce n'est pas à moi ! Je vais me faire tuer. » Je lui ai raconté une histoire pas possible. Elle m'a répondu : « Vois avec ton père. Il est parti au commissariat ce matin. »

Mais cela n'a débouché sur rien. Pas de convocation, rien. Est-ce que mon père est réellement allé chez les flics, ou est-ce qu'il a jeté le shit ? À mon avis, il s'en est débarrassé.

Ma mère se doutait que quelque chose ne tournait pas rond. Je ne travaillais pas. L'argent que je lui glissais discrètement, il fallait bien qu'il vienne de quelque part. Chaque fois que je lui donnais un billet, elle me faisait la morale. « Mon fils, fais attention. »

Maman savait, avec ses mots, me faire réfléchir. Mais cela ne durait qu'un instant. Il suffisait que je claque la porte de la maison… et j'avais tout oublié !

Où cachiez-vous la drogue ?

Dans les bois, souvent. Parce que les réseaux concurrents cassaient les portes des caves. Dans ce quartier-là, on se méfiait de tout le monde. Il y avait beaucoup de vols de stupéfiants. Des appartements visités, des effractions dans les caves. On a déniché une bonne cachette à côté de chez mes parents, dans les bois de Champforgeuil. C'était un bois assez vaste, mais on connaissait l'endroit. On avait deux arbres fétiches pour se repérer. La nuit, on creusait. La journée, jamais de déplacement sur le site. On avait peur de se faire suivre.

C'est cette prudence qui nous a permis de durer dans ce business ! On faisait les choses intelligemment. Si on devait aller dans « notre » bois, on faisait 20 kilomètres de détour. On vérifiait que personne ne nous suivait. Résultat : on n'a jamais eu de soucis. Jamais de vols.

Votre plus grosse livraison ?

Une vingtaine de kilos de shit. Entre-temps, le réseau s'était agrandi. Trois autres personnes nous avaient rejoints pour investir. À la fin, nous étions neuf. Il y avait des pères de familles, des salariés. L'un était chauffeur routier, il pouvait donc sortir du liquide facilement. Ce qui nous a permis d'avoir jusqu'à 250 000 francs d'investissement. Avec ça, je pouvais obtenir disons 20 kilos de shit payés... Sans compter la dizaine de kilos avancés par le grossiste.

Notre mode de transport a progressivement évolué. On partait à deux voitures. Une voiture en ouverture, avec deux personnes à l'intérieur, roulait à 10 kilomètres devant... Elle guettait. Vérifiait qu'il n'y avait pas de flics, pas de barrages. Ce premier véhicule était censé nous prévenir. On possédait des talkies-walkies d'une portée de 500 mètres. Mais ils n'étaient pas assez performants, alors on a laissé tomber.

Au milieu du convoi, on était deux. Avec le shit dans le coffre, ou à mes pieds. J'emploie le terme « convoi », parce que parfois – c'était rare –, il y avait une voiture de fermeture, chargée de vérifier qu'on ne nous suivait pas.

Vaines précautions... Car on a toujours eu de la chance. On n'a jamais été vraiment contrôlés par les douanes du poste du Luxembourg. Lorsqu'on tombait sur eux, ils nous laissaient passer. En général, on évitait qu'il y ait des voitures ou des camions juste devant nous. Si c'était le cas, on ralentissait et on laissait les autres véhicules s'éloigner. Pourquoi cette prudence ? C'était au cas où il y aurait eu un barrage. S'il n'y avait aucune voiture devant nous, on pouvait le forcer. Bref, c'était toute une organisation.

Étiez-vous « défoncés » ?

Non, non. Faut jamais être raide lorsqu'on roule. Faut être clean. On fumait un joint ou deux. Mais il ne fallait pas être défoncé. J'ai commencé à fumer réellement à 25 ans. Cigarettes et joints. Avant, ça m'arrivait de fumer des pétards, mais c'était le samedi soir, lorsqu'on sortait en boîte. On prenait deux, trois bouteilles, on jouait les caïds dans la boîte. Je n'étais pas un vrai fumeur. J'ai vraiment commencé à 25 ans.

Dans la cité, combien de réseaux existait-il ?

Une vingtaine. Voitures et motos volées, stupéfiants. Les Tunisiens, eux, recyclaient l'argent de la drogue dans des pièces de véhicules volés qu'ils revendaient à l'étranger.

Comment avez-vous choisi de vendre de l'héroïne ensuite ?

C'est un gars, Z., qui « importait » l'héroïne à Chalon, qui m'a donné l'idée. Moi, je ne touchais pas à ça.

Mais je me suis vite aperçu que Z. gagnait énormément d'argent grâce à cette drogue dure. Surtout lors de la Coupe du monde de foot, en 1998. J'en ai parlé à mes potes. « Regarde avec l'héro, comme il ramasse du bénef ! » Il faut savoir qu'à Chalon, l'héroïne n'existait pas avant 1997. Elle s'est installée naturellement. Les consommateurs de shit se sont mis à l'héroïne. On ne les a pas incités. Cela s'est fait… bizarrement.

Vous ne les avez pas incités ?… Un peu tout de même ?

C'était le principe du test dans la cité. Le copain qui avait goûté faisait essayer au copain, et ainsi de suite. Cela s'est propagé comme cela. Nous, on ne savait rien des overdoses ! Bref, je me suis lancé là-dedans. J'ai téléphoné au grossiste de Hollande :

« Il y a moyen d'en acheter ?

– Pas de problème. Tu en veux combien, 2 ou 3 kilos ? »

Je ne savais pas qu'en Hollande, il y avait de l'héroïne. Je pensais que les Pays-Bas, c'étaient les coffee-shops, le cannabis, et c'est tout.

Donc on est partis là-haut avec un collègue. Pour tenter le coup, on a pris d'abord 200 grammes. Ensuite, vu le gain financier, on n'a pas dit non. Le rapport achat-revente ? On achetait le gramme 100 francs, on le dealait quatre à cinq fois plus. Tout de suite, boum ! on est passés à la vitesse supérieure. Lors de notre second voyage en Hollande, on a acheté un kilo. En l'espace de deux ans, de 1998 à 2000, on ira parfois jusqu'à acheter deux, trois kilos d'héroïne.

Aviez-vous mis au point un système pour éviter de vous faire arrêter par la police ?

On ne vendait jamais en plein air. La transaction se déroulait en deux temps. Le client venait, par exemple, m'acheter une dose dans un endroit retiré. D'abord, il m'avançait l'argent. En contrepartie, je lui fournissais l'adresse pour aller s'approvisionner. Cela permettait d'éviter de se faire arrêter en flagrant délit. Car les clients étaient surveillés. De cette façon, si le client, après avoir payé sa dose, était contrôlé par la police, il n'avait aucun stupéfiant sur lui. Pas de bol pour les flics !

En général, les clients avaient confiance. Quand je les « encaissais », je leur disais de se rendre à telle entrée d'immeuble, à tel étage, dans telle cave. Chaque jour, un endroit différent. Une précaution indispensable. On savait que les clients, lorsqu'ils sont en manque, parlent. Et les flics pouvaient leur dire : « Toi, tu n'es qu'un client, nous, on veut les dealers. »

Une fois, j'ai failli me faire arrêter. On est en ville avec des copains. Un jeune du quartier se dirige vers nous pour nous faire rencontrer quelqu'un. Donc, je me rapproche de ce fameux type que l'on m'a désigné. Un soi-disant acheteur. On parle deux minutes. Il me dit : « Je veux acheter du shit. Viens à mon hôtel. Je te parlerai. » Direction son hôtel, proche du centre-ville. Sur place, il me demande si je revends. Je lui dis : « Y a peut-être moyen. » On ne dit jamais à une personne que l'on ne connaît pas que l'on est dealer. On lui sort cette réplique fourre-tout. À ce moment-là, il me propose un marché. « Je suis prêt à t'acheter une savonnette. » Un pain de 250 grammes de hasch. Ce qui représente 5 000 francs. Il me montre l'argent. Puis il conclut : « Rapporte-moi deux savonnettes, tout de suite. Je vais te chercher le reste de l'argent entre-temps. »

Je repars à la cité. Pas de bol, mon collègue est absent. Donc, pas de clefs pour aller à la planque où se trouve la drogue. Et pas de shit.

Le temps de faire l'aller-retour, je reviens une demi-heure plus tard, un peu déçu de perdre un si bon client. J'arrive devant l'hôtel. J'ai à peine mis un pied dans la chambre que quatre ou cinq inspecteurs surgissent derrière moi. Ils me plaquent à terre. La totale. Tout de suite, je comprends que c'est à cause du « client ». C'est un indic, qui travaille pour les flics. Lui, le soi-disant acheteur, ils l'embarquent immédiatement. Moi, ils me bloquent dans la chambre.

« Donne-nous le shit !

– J'ai pas de shit !

– Ta voiture !

– J'ai pas de voiture. »

Je suis venu en bus. Donc, là, les policiers sentent la patate. Ils se regardent. Et ils me libèrent dix minutes après m'avoir fouillé. Coup de chance !

Chapitre 13

SECRET DÉFONCE

Dans la cité, la majeure partie des clients qui se défonçaient aux drogues dures « sniffaient » *[absorbaient des stupéfiants par voie nasale]*. La cocaïne jouissait d'une certaine image de marque. On entendait dire que cette drogue était réservée aux riches. Que c'était quelque chose de bien. Fallait faire comme Tony Montana *[personnage du film de Brian de Palma* Scarface*]*. Tony Montana a été une référence pour nous et pour toutes les cités de France. Ce héros est parti de rien et il est arrivé tout en haut ! Je crois que ce film a d'une certaine manière « popularisé » la coke. Beaucoup de jeunes des cités se sont identifiés aux personnages du film, au scénario. Tout le monde voulait faire ou être comme Tony Montana.

Quel âge avait votre plus jeune client ?

Il avait 18 ans. Mais ceux qui consommaient de l'héroïne à mon époque appartenaient plutôt à ma tranche d'âge. Tout le monde ne « tapait » pas dans l'héroïne. Les jeunes qui avaient 15 ou 16 ans ne touchaient pas à ça ! Ils fumaient du shit. Ce n'est pas comme aujourd'hui. Maintenant, dès 15 ans, ils tapent dans l'héro ! En une dizaine d'années, le profil des toxicomanes a changé. Moi, je n'ai jamais vendu à quelqu'un de 16 ans, parce que cela m'aurait fait peur. Lorsqu'on vendait l'héroïne, on n'était pas tranquilles. C'est une drogue dure. Petit à petit, on a pris conscience de la dangerosité du produit. On a commencé à entendre parler d'overdose. Ce qui fait que l'on se remettait en question. Ce n'est pas comme le shit. Le shit, tu en vends à n'importe qui. Un gamin de 10 ans serait venu m'acheter une barrette, je lui aurais vendue ! L'héroïne, ce n'était pas pareil.

Vous auriez vendu du shit à un gamin de 10 ans ! C'est terrible d'avoir ce genre de propos.

Oui, certainement qu'à l'époque je lui en aurais vendu. Je ne veux pas me voiler la face.

Aujourd'hui, lorsque vous regardez votre passé, qu'est-ce que vous vous dites ?

Je ne me dis pas que je suis un pourri. Je n'ai pas vendu durant des années. Est-ce que je suis un salaud ? Je ne pense pas. Parce que parmi mes clients, aucun n'en est mort. Mais cela aurait pu arriver, c'est vrai. J'avais un collègue, I., qui avait fait partie de notre réseau. Avec un complice, ils ont pris de la saloperie en Hollande. Ils ont coupé la drogue pour en faire plus. Mais ils l'ont coupée avec un produit toxique : ils ont mélangé l'héroïne avec des détergents, des produits de ménage. Ils l'ont vendue à un gars de la main à la main. Ils savaient que le client se « fixait » *[s'injectait des stupéfiants par voie intraveineuse]*. Il a fait une overdose. C'est comme s'ils l'avaient tué ! Moi, si ça m'était arrivé, j'aurais culpabilisé durant toute ma vie.

L'héroïne, tu peux la mélanger à du mannitol *[édulcorant naturel]*. Avec ça, et avec rien d'autre ! L'héroïne ne se mélange pas avec n'importe quoi.

Vous avez déjà coupé de l'héroïne ?

Avec du mannitol que j'achetais en Hollande. C'est de la poudre blanche, neutre, que tu ajoutes pour en avoir davantage. Cela sert à couper l'héro quand elle est forte, et aussi à se faire un peu plus d'argent. Dans les deux cas, c'est avantageux. À l'époque, c'était de la « pure » à 80 %, du Brown, il fallait la couper…

C'est incroyable de vous entendre raconter tout ça. On a l'impression que le trafic de drogue était facile !

C'était facile. Et c'est toujours facile. Il y a toujours du trafic. L'héroïne, il y en a partout.

Êtes-vous favorable à la légalisation du cannabis ?

La drogue douce ne fait pas de ravages. Elle dérange peut-être des personnes psychologiquement. Mais elle ne tue pas. Maintenant, si la France veut s'aligner sur la Hollande, pourquoi pas ? C'est une bonne solution si on souhaite détruire économiquement le trafic illégal. Les gens préfèrent acheter au coffee-shop que d'aller s'approvisionner dans la rue. Que l'on me comprenne bien, il s'agit d'un raisonnement économique !

D'un autre côté, légaliser le cannabis, c'est une mauvaise option, si on pense aux jeunes. Moi, ex-dealer, ancien toxico, je ne peux pas leur dire : « Ouais, allez-y ! Fumer du shit, c'est bon ! » Je n'ai pas le droit de dire ça. J'ai des enfants.

Avez-vous utilisé des mineurs dans le cadre de votre trafic ?

Non. Je n'en ai pas eu l'occasion. Ni l'idée.

Cela est déjà arrivé qu'un grand frère – au sens propre – utilise son petit frère pour vendre de la drogue à sa place. J'en connais certains qui ont fait cela. Pour éviter les problèmes avec la police, éviter que le grand frère finisse en prison et soit puni plus sévèrement que son petit frère, qui n'est pas majeur.

Forcément, vous avez vu des clients « accros » [totalement dépendants] à l'héro ?

Des meufs en manque qui étaient prêtes à faire n'importe quoi pour en avoir ! À donner leur corps. À l'époque, on leur faisait parfois crédit. On n'était pas à une dose près. On ne laissait pas forcément les gens dans la merde. Bon, maintenant, si la personne nous devait trop d'argent, on refusait de lui en fournir... Il fallait qu'elle paie ce qu'elle nous devait. Là, on peut dire que c'était cruel. Dans la cité, il y avait un gars tellement accro que tu l'aurais envoyé voler dans un magasin pour se payer sa dose, il y serait allé !

Lorsqu'ils sont en état de manque, les clients sont prêts à n'importe quoi. Surtout les personnes qui se piquent. Parce qu'il existe une différence entre sniffer et se shooter. Il y a des manques différents. Tu supportes plus le manque lorsque tu sniffes que lorsque tu te fixes.

Mais encore une fois, à l'époque, lorsqu'on faisait toutes ces conneries, on ne pensait pas à tout ça. Avec le recul, oui. Mais je peux être lavé de tout parce que je n'ai jamais tué quelqu'un. Pour le reste, j'ai payé. J'ai fait de la prison. Ils m'ont allumé. J'ai bien ramassé. J'en ai tiré de bonnes leçons aussi.

À partir de quel âge êtes-vous devenu toxicomane ?

Vers 25 ans. Lorsque les gens me demandent : « Pourquoi as-tu tapé ? », je ne peux pas leur donner de raison précise. Je n'avais pas de problèmes personnels gravissimes. Je n'avais pas perdu de parents. Je ne déprimais pas. J'ai tapé parce que je le voulais. Chacun a sa raison, ou n'en a pas. Ça peut arriver comme ça.

Pouvez-vous dire quelque chose de politiquement incorrect : je me suis drogué parce que c'est bon ?

Non… Au début, c'est bon. Mais après, tu ne vois plus la différence, tu tapes parce que tu en as besoin. Moi je n'étais pas à l'extrême. Mais je tournais quand même à trois, quatre lignes dans la journée, parfois mélangées avec de la cocaïne… C'est beaucoup ! On faisait des « speedballs ». À un moment donné, faut dire stop ! Avec l'héroïne, tu piques du nez. Tu ne fais rien.

Et j'ai tapé aussi uniquement de la coke. Et là, il faut constamment en prendre. La descente ressemble au manque, donc tu es obligé de te faire une nouvelle ligne. La coke fait un effet autre que l'héro. Ça te rend vif. À l'époque, la coke qu'on prenait en Hollande était superbe. Et là, je dois avouer que c'était agréable !

L'héro, ça te rend mou. Tu vas piquer du nez, c'est tout.

L'héroïne accroche les gens. Elle fait des ravages. À mon avis, on ne tombe pas accro à la cocaïne comme on devient dépendant de l'héroïne.

Votre ex-femme était-elle au courant de votre toxicomanie ?

Elle se doutait. Mais je ne tapais jamais une ligne d'héro en sa présence. Jamais. Toujours en cachette. Elle n'a jamais fumé de joint. Elle buvait un verre de champagne de temps en temps avec moi, pour le réveillon du Nouvel An ou pour Noël, c'est tout.

Lors de vos périples en Hollande, vous découvrez en quelque sorte l'industrie de la drogue.

J'ai assisté à toute la chaîne. Du début à la fin. L'héroïne arrivait au port de Rotterdam en provenance d'Afghanistan ou de Turquie. Les Turcs régnaient sur la zone portuaire. Ils réceptionnaient la marchandise par palettes. Ils livraient ensuite les grossistes marocains – 50 à 100 kilos minimum – qui eux approvisionnaient leurs clients français, italiens, allemands, espagnols. Les Marocains les surnommaient leurs « petits dealers » en Hollande. Les « petits » dealers, c'est ceux qui revendaient 1 kilo d'héro par jour ! Mon grossiste vendait approximativement 30 kilos quotidiennement. Sans compter la cocaïne. En 1999, lorsque la drogue arrivait chez le grossiste, elle était pure à 80 %... Tout le travail du grossiste consistait à couper l'héroïne. Pour 100 grammes, il ajoutait 20 ou 30 grammes de « coupe ». Pour vous donner un ordre d'idée, aujourd'hui, sur le marché français, l'héro est pure à 20 %. C'est de la daube ! Aujourd'hui, c'est 1 gramme d'héroïne pour 5 grammes de coupe. On mélange avec n'importe quel produit, de préférence de couleur blanche !

Concrètement, cela signifie que les dealers se font encore plus d'argent en revendant une drogue de moins bonne qualité.

Bien sûr ! Ils mettent plein de saloperies dedans pour gagner plus de fric. J'ai vu un dealer couper de l'héroïne avec de l'Ajax ! Il a réussi à la vendre.

Durant ces années, vous découvrez les différents aspects que peut prendre votre produit.

J'étais surpris. Je me suis longtemps imaginé, bêtement, que l'héroïne était uniquement de couleur blanche. Lorsqu'on a tenté de m'en vendre de couleur marron *[le Brown Sugar, le « sucre marron », immortalisé par une chanson des Rolling Stones]*, j'étais sceptique…

L'héroïne, en poudre dans un premier temps, pouvait être pressée durant trente minutes par le grossiste hollandais. La drogue devenait compacte au bout de deux, trois jours. Elle était alors dure comme de la pierre. Elle avait la forme de pains rectangulaires, comme des briques.

Où le conditionnement s'effectue-t-il ?

Dans les appartements. Les propriétaires hollandais de ces locaux se doutaient, fatalement. Car les appartements étaient loués au noir. Les loyers, beaucoup plus élevés que la normale, étaient payés de la main à la main. Un exemple ? Un appartement type dont la location se chiffrait à 500 euros avec un bail déclaré était en fait loué deux fois plus cher, au black, par les grossistes. On appelait ces endroits des « adresses ». Personne ne dormait dans ces lieux. Il y avait un espace pour la presse, un autre pour la marchandise, et un petit salon aménagé – un canapé, une table basse – pour accueillir les clients. Quand je suis entré la première fois, le grossiste a posé devant moi une cuillère à soupe de cocaïne, une cuillère à soupe d'héroïne. Pour goûter.

C'était assez organisé. Il y avait des appartements pour ceux qui se shootent, et des appartements pour ceux qui sniffent, qui n'apprécient pas forcément ceux qui se piquent. Chaque appartement possédait sa clientèle. Et puis, cela dépendait également de la quantité achetée. Il y avait un appartement pour les petits acheteurs, mettons de 0 à 1 kilo. Et puis une adresse différente, pour les gros clients.

Votre grossiste a-t-il été interpellé ?

Je ne sais pas. J'ai appris qu'il était devenu docker. A-t-il décroché ? La police en Hollande est moins regardante qu'en France. Pour être arrêté, il faut déjà avoir vendu 1 tonne ! Non, c'est une plaisanterie. *(Rire.)* Vous pouvez avoir des ennuis dès que vous avez vendu plusieurs centaines de kilos d'héroïne. La dope arrivait par tonnes à Rotterdam. La police et les douanes étaient-elles corrompues ?

Aujourd'hui, le circuit est-il le même ?

Non. Les gens ne vont plus à Rotterdam, exception faite peut-être des « Lillois ». Tout le monde se déplace à Maastricht. Tous les gros dealers de Rotterdam ont basculé dans cette ville. La principale raison est que Rotterdam fait désormais l'objet d'une surveillance policière accrue. C'est le genre de confidences que me font des jeunes de Chalon qui vendent de l'héroïne.

D'après ce que l'on vous rapporte, quel est le profil du consommateur d'héroïne d'aujourd'hui ?

L'héro, comme la coke, est « populaire ». Enfin, façon de parler. Comme le prix de la coke a chuté, tout le monde peut en avoir. Aujourd'hui, le gramme de CC *[surnom donné à la coke]* est à 70, 80 euros. Et en Hollande, aux alentours de 45 euros. L'héro, vous en trouvez à chaque coin de rue ! Dans toutes les cités de France, vous pouvez en obtenir. Même dans les petites villes : à Verdun, il y a de l'héroïne. Les prix ont dégringolé. Acheté 6 ou 7 euros, le gramme se revend en France 25 euros. L'héro se démocratise. Chez les ouvriers du bâtiment, chez le personnel de bureau, dans n'importe quel milieu, tout le monde se défonce – j'en connais ! Ça envahit les cités et la France profonde. Il y en a partout maintenant. Souvent le consommateur a peur de se l'injecter… Donc, il la sniffe. C'est terriblement inquiétant, même si la qualité de la drogue a tendance à baisser. Il suffit de taper deux lignes par jour pendant un mois, vous êtes accro. Je le répète, ce n'est pas sans risques ! On ne décroche pas comme cela, du jour au lendemain. Moi, j'ai galéré trois ans avant de m'en sortir. Les six premiers mois, c'est l'enfer ! Il y a des hauts et des bas, avant que votre corps ne s'habitue au traitement de substitution. Mon boulot m'a énormément aidé. Mais tout le monde n'a pas la chance d'avoir un emploi…

Parmi vos fréquentations dans la cité, combien y a-t-il eu d'overdoses ?

Une… Deux. Trois… *(il compte)* et quatre.

Un handicapé que l'on a retrouvé un jour sous la pluie, assis dans son fauteuil roulant, la tête penchée… Il avait fait un arrêt cardiaque. Le deuxième, c'est une personne à qui des gens avaient vendu de l'héroïne mélangée, elle a fait une overdose. Et après il y a eu V., le pauvre… Il s'est endormi chez ses parents. Le lendemain, il ne s'est pas réveillé. L'autopsie a confirmé que c'était à cause d'une absorption massive de stupéfiants. Et le quatrième, il était pourtant hostile à l'idée de prendre de la drogue. C'était quelqu'un qui bossait et tout. Mais il a suivi une fille qui tapait dans l'héroïne. Il a commencé à fumer. Et il s'est mis dedans. Il n'a pas attendu six mois pour se faire des piqûres. Il était bien portant. Il s'est dégradé en six mois, putain ! À lui, je pouvais tout dire, il ne se vexait jamais. Je lui ai dit :

« Mais regarde comment tu es devenu, je suis sûr que tu te shootes…

– Non, je te jure, Jamal, ce n'est pas vrai.

– Arrête, ça se voit. »

Il avait les mains toutes gonflées, comme les gens qui se shootent. Et finalement, il a fait une OD *[overdose]*. Il fréquentait beaucoup le centre-ville, les petits bourgeois qui se droguaient. Mais il devait prendre de tout, à mon avis.

Vous êtes ému lorsque vous parlez de ces disparitions.

Je suis triste, c'est vrai. Parce que ce sont des gens que j'ai côtoyés. Ce sont des pauvres types, dans le sens où ils n'ont pas pu s'en sortir. Mais je ne veux pas les critiquer en disant, moi, j'ai réussi, je suis le meilleur. J'ai été comme eux. Moi aussi, j'ai consommé toutes ces merdes. J'en ai bavé pour décrocher.

Mais je faisais toujours gaffe avec la défonce. Je faisais toujours attention à ne pas taper comme un fou. Je me faisais des petites lignes. Parce que plus tu fais de grosses lignes, plus tu en as besoin. Peut-être que c'est ma façon d'être qui m'a aidé. J'avais déjà essayé de décrocher. Ça a marché un mois. Et puis tu revois les copains et la tentation revient.

Quand j'ai quitté ma ville, j'avais fait une croix sur tout le monde. Je ne suis plus redescendu à Chalon pendant trois ans. Parce que la tentation…

Parfois, lorsque je reviens à la cité du Stade et que je revois les copains, ça me rappelle des choses. Ça va très très vite, faut pas croire. Tu te dis : allez, je vais me faire une ligne ! C'est rien. Mais ce n'est pas vrai. Si tu veux redescendre en enfer, vas-y !

Mais lorsque vous croisez un jeune de 16 ans qui trafique de l'héroïne, que lui dites-vous ?

L'adolescent qui vend de l'héroïne, je peux lui dire : « Tu fais n'importe quoi. » Mais si je lui donne un conseil, si je lui dis : « Va travailler ! », il va me répondre : « Mais toi, tu étais comme ça avant ! » Il peut me renvoyer la balle, tout simplement. Et je ferme ma grande bouche et je ne dis plus rien.

Maintenant, on peut parler de ce que l'on peut apporter à ces jeunes : du boulot. Pour les grands frères dans un premier temps. Peut-être que les petits frères suivront derrière ! Que l'exemple soit donné aux aînés pour que les autres suivent. Quand le petit frère voit que son grand frère trafique, il veut faire quoi ? La même chose ! Et c'est comme ça dans n'importe quelle famille ! Tous les copains qui ont trafiqué ont été imités par leurs petits frères.

Mais on peut aussi me renvoyer dans mes cordes. Moi, j'ai vu Houari, l'aîné, bosser. Pourtant, je n'ai pas fait la même chose que lui, mais tout le contraire…

Ce que je veux dire aussi, c'est que si on a du courage, il est possible de décrocher. Mais c'est difficile. Pour aider les toxicomanes, il faudrait faire beaucoup de choses. Il existe des gens qui veulent faire des cures. On leur donne des médicaments, mais ils sont livrés à eux-mêmes. Je trouve cela insensé. On ne devrait pas les laisser partir dans les airs après leur avoir prescrit des médicaments. Il faut une structure.

Souvent il n'y a pas de place. Il n'y a jamais de place. Il faut attendre, attendre, attendre. Ou alors il faut de l'argent. Ce n'est pas normal. Alors, investissons là-dedans ! Le fléau, on peut aussi le combattre par ce biais. Pourquoi on n'investit pas dans les cures ? Pourquoi on n'en donne pas l'accès à tous ? Si demain, tu appelles un centre de cure et tu te fais passer pour un drogué, tu dis, je n'ai pas de CMU, pas de carte vitale, on va te demander de patienter, d'aller voir l'assistante sociale… Et il se passe du temps. Il faudra prendre rendez-vous, faire un dossier. Alors que lorsque tu es dans une structure, tu es encadré.

À Chalon, il n'y avait pas de structure ?

À Chalon, non, il en existe une à Metz, une autre à Nancy. Il faut se faire aider par eux.

Moi, je suis allé voir directement un médecin

généraliste à Verdun. On ne donne pas du Subutex *[médicament utilisé pour le traitement substitutif de la dépendance aux opiacés]* à un toxicomane comme cela. Il va en prendre un jour, et le lendemain, son copain vient le chercher. Toc ! Toc ! J'ai de la came. Ça fait un jour qu'il a décroché. Il va reprendre. Si je n'avais pas été encadré, j'aurais repris.

Le Subutex ne fait pas des miracles. De toute façon, faut pas se faire d'illusion, il y aura toujours des échecs. Il y a des gens faibles qui vont repartir là-dedans. J'ai eu la chance d'avoir un boulot ; le traitement, c'est un tout. Et cela m'a aidé.

Aujourd'hui, si on me propose une mutation à Chalon, je dis non. Je n'ai pas envie. Ça me fait peur. Il ne faut jamais être sûr de soi. Dire que l'on a réussi et que l'on n'y retouchera jamais… Ce n'est pas vrai. Je doute de moi. Je suis constamment dans le doute.

J'évite d'aller à Chalon. Et quand j'y passe pour voir mon père, j'essaie de voir deux, trois copains qui s'en sont sortis. L'un fait la prière. Il est retourné dans le droit chemin. L'autre travaille. Mais là-bas, il y aura toujours la tentation.

Si je venais à perdre ma femme, ou mon boulot, je le dis tout de suite, je replongerais. Depuis que j'ai perdu maman, j'ai envie de lui dire : « Regarde, aujourd'hui ton fils travaille. » Mon patron est content de moi. J'ai eu un contrat à durée indéterminée. Je suis embauché. J'ai fait mes preuves. Mais maman n'est plus là pour voir. C'est elle qui se souciait vraiment de moi. C'est cela qui me dérange. Tous les jours, je pense à ça.

La seule personne à qui je dois des comptes, c'est ma mère. Quelquefois, elle restait à la fenêtre pendant des heures en attendant que je rentre. Le matin, elle me montrait les bleus qu'elle s'était fait aux avant-bras en restant toute la nuit accrochée au balcon à m'attendre.

C'est vrai que je l'ai fait souffrir.

Est-ce que je m'en rendais compte ? Est-ce que c'était plus fort que moi ? Quand tu rentres là-dedans, tu ne vois plus rien. Un cheval avec des œillères.

Chapitre 14

ARRESTATION

En 1999, la brigade des stups de Chalon a commencé à m'avoir dans le collimateur. Sur le moment, je l'ignorais totalement. Quand les enquêteurs nous ont interpellés, en mai 2000, cela faisait près de un an qu'ils nous observaient. Grâce à la commission rogatoire d'un juge, ils nous écoutaient. Ils nous laissaient faire notre petit manège. Ils surveillaient nos allers-retours en Hollande avec la cargaison. Les flics m'ont assuré plus tard qu'à l'origine, c'étaient des lettres anonymes qui les avaient alertés. Le message du corbeau ? « Jamal Dati a monté un réseau. Ils s'approvisionnent en Hollande. »

Comment votre interpellation s'est-elle passée ?

C'est un mardi. Je reviens de Hollande à bord d'une 205 GTI. Je transporte près de 2 kilos d'héroïne dans la voiture, ce qui représente environ 200 000 francs à la revente. Il y a également 4 kilos de shit. Un de nos bons clients souhaite cette grosse livraison en un seul coup. Bref, il y a un beau bénef à faire !

J'arrive mardi après-midi. Je gare la voiture sur le parking d'une résidence de retraités à Champforgeuil. Je laisse l'intégralité de la dope dans le coffre. On attendra le soir pour transporter la drogue et la conditionner.

Mercredi à 14 h 30, je suis à Lyon, dans notre F3 du rez-de-chaussée, lorsque les flics défoncent ma porte. Au début, ils n'y arrivent pas car c'est une porte coupe-feu, assez solide. Je suis assis sur le canapé. La petite est dans la cuisine. Je regarde la télé. Je dis à ma femme : « Je vais aller à Chalon. J'ai une bricole à faire... » Il ne s'agit pas de voir mes parents, je suis alors en froid avec ma famille.

À ce moment, la porte dégringole d'un coup. Ma femme hurle. Elle prend la petite dans ses bras. Les flics investissent immédiatement la cuisine. Ils bloquent ma femme sur la table. Ils attrapent la gosse. Moi, ils me mettent un pied sur la nuque. Ils écrasent ma tête avec une grosse ranger. Ma fille pleure. Je dis à ma femme : « Enlève-la ! » Elle me répond : « Je ne peux pas, ils l'ont attrapée ! » Ils embarquent ma femme, qui n'a rien à voir avec mon trafic. Ils fouillent à fond toute la maison. Rien. Sauf peut-être deux joints. J'ai tout laissé à Champforgeuil. Ils me harcèlent : « Où est la dope ? Où est la dope ? » Ils sont persuadés qu'on rentre à l'instant de Hollande. Mais pas de bol pour eux, ils ne trouvent rien. La grand-mère vient chercher ma fille, âgée de 3 ans, qu'ils étaient prêts à mettre au commissariat de police de Chalon. Ils s'en foutent...

Dans la voiture des flics, je vois toute ma vie défiler.

Placé en garde à vue, j'ai peur qu'un des membres du réseau avoue que la cargaison, que la police n'a pas découverte, se trouve dans le coffre de la voiture à Champforgeuil.

Sur les neuf personnes interpellées, il y a un des membres du groupe qui est très rapidement relâché, faute de preuve. Il va aussitôt chercher la dope dans la voiture. Il vend immédiatement l'ensemble des stupéfiants et redistribue illico l'argent. On risque tous la prison. Il faut à tout prix nous trouver un avocat pour nous défendre. C'est notre « trésor de guerre », planqué dans les bois de Champforgeuil, dans notre cachette fétiche, qui nous sert de caisse d'épargne provisoire. La drogue – que la police ne retrouvera jamais –, ou plutôt l'argent de la drogue revendue, va servir à régler les honoraires de mon avocat de l'époque. La facture s'annonce élevée : 20 000 francs au total pour notre défense. L'avocat *[qui n'est plus l'avocat de Jamal Dati depuis 2000]* me réclame immédiatement 7 500 francs pour l'ouverture du dossier. Ça fait une belle somme ! L'argent du trésor de guerre servira aussi à m'aider financièrement en prison, pendant dix-huit mois, en supplément de l'argent expédié par ma famille.

Quand les interrogatoires ont démarré, on a tous nié en bloc. Les flics m'ont questionné :

« Jamal, tu vas en Hollande ?

– Je vais là-bas pour fumer. » Je n'ai rien avoué de plus.

Au téléphone, lorsqu'on dealait, on faisait attention. On ne faisait jamais directement référence aux stupéfiants. On utilisait des phrases de code. « T'as vu la blonde ? » pour la cocaïne. La « brune », c'était l'héroïne. Très rapidement, je me suis rendu compte qu'ils n'avaient pas beaucoup de preuves dans les comptes rendus des écoutes téléphoniques. Pour nos affaires, on se réunissait dans des caves pour parler de nos magouilles de vive voix.

Donc, voilà, dans un premier temps, j'ai menti. Je leur disais aussi que j'allais voir des filles en Hollande. Ce qui n'était pas totalement faux, car les grossistes nous offraient parfois des passes de prostituées « en vitrine » lorsque nous restions deux ou trois jours là-bas.

Lors de la suite des interrogatoires, les policiers ont cherché à me faire craquer. « Ta femme a avoué. Elle t'a vu avec des sacs, avec de l'argent. » J'ai nié : « Ma femme n'est au courant de rien. »

J'avais peur que les policiers aillent chez les proches qui cachaient l'argent de mon trafic. Ce que je ne savais pas, c'est que cet ami avait immédiatement pris le fric pour aller le planquer ailleurs. Il y avait entre 15 000 et 20 000 francs.

Après les menaces sur les pseudo-aveux de ma femme, l'inspecteur M. m'a fait le coup du gentil flic.

« On a été sympas. On a relâché ta femme. Maintenant, il faut que tu t'allonges ! Tes copains ont la tête dure. Toi, tu es plus intelligent. Faut que tu nous parles. »

Les policiers avaient obtenu notre « localisation » géographique en Hollande à partir de nos téléphones portables. Malgré ces preuves matérielles, mes copains ont continué à nier l'évidence. Moi, j'ai minimisé.

« Oui, je me suis rendu là-bas… Juste pour quelques joints. C'est tout. »

Lors de la deuxième journée de garde à vue, les policiers ont fait venir mon frère Omar au commissariat. Avec un conseil : « Fais avouer ton frère, et je te promets qu'il ne prendra pas beaucoup. » Omar s'est adressé directement à moi. :

« Faut que tu avoues ! Allez, dis-le ! T'inquiète pas, ils ne vont pas t'allumer ! Ni te sacquer.

– Avouer quoi ? Ce n'est pas moi… »

Les flics voulaient, comme on dit, me la faire à l'envers. Que j'avoue pour que je sois impliqué. Je ne voulais rien leur dire. Je n'étais pas le seul à rester silencieux.

J'entendais les déclarations des autres en arabe. « Il faut se taire. » L'un m'a murmuré : « Ils n'ont saisi que des balances électroniques, des poches de 10 grammes toutes prêtes. »

Durant la garde à vue, certains des membres présumés du réseau ont-il été « blanchis » ?

Plusieurs personnes qui faisaient partie du réseau ont été relâchées. Aucune charge contre elles. Pourtant, elles avaient participé activement. C'étaient de gros soutiens financiers. Ils avaient réinvesti leurs économies dans le trafic. En bénéfice, ils ont dû récolter aux alentours de 20 000 francs par mois. Ils ont participé au trafic durant près de un an. Mais aucune trace financière n'a permis aux policiers de les mettre en cause. Ils ne seront jamais inquiétés. Aujourd'hui, l'un d'entre eux s'est calmé. Il est artisan, marié, avec des enfants. L'autre a trouvé un emploi stable du côté de Lyon. Le troisième est retourné en Tunisie, il est au chômage. Le quatrième, c'est le gars qui a mal tourné. Il est resté au même point qu'il y a neuf ans. Il est totalement perdu. Y a que la drogue ! La drogue ! La drogue ! Il lui est arrivé d'aller voler pour s'offrir sa dose.

Avez-vous fini par avouer ?

C'était plus difficile de nier au fur et à mesure que les heures passaient. Car les policiers avaient tout de même en leur possession des éléments très concrets.

« Tu as téléphoné à cette personne. C'est toi le chef du réseau. C'est toi, le premier, qui as présenté les autres au grossiste hollandais. » J'ai commencé à craquer. Fallait pas les prendre pour des imbéciles ! Oui, je suis allé là-bas, mais tout seul. Oui, je revendais un peu d'héro. J'ai tenté de porter seul la responsabilité du trafic, afin de ne pas charger les autres.

Avez-vous été frappé lors de votre garde à vue ?

J'ai ramassé des coups de poing dans le ventre qui me faisaient me plier en deux. Des coups d'annuaire. Des baffes. Ça faisait partie du jeu. Psychologiquement aussi, les policiers m'ont mis la pression. « Tu vas perdre ta famille, tes enfants. » Je n'ai pas cru à leurs menaces.

Au troisième jour de garde à vue, j'étais fatigué. C'étaient les premiers symptômes du manque. Ce n'était pas extrême. Mais je ne me sentais pas bien. J'avais froid.

Les policiers s'en sont-ils aperçus ?

Non, parce que lorsque le médecin m'a proposé des médicaments, j'ai répondu bêtement que je ne tapais pas dans l'héroïne. Je ne voulais pas leur dire que je me tapais quotidiennement deux, trois rails *[doses]*. Quelle connerie ! J'aurais dû dire que j'en prenais beaucoup. Cela aurait pu atténuer la peine. Pour eux, un type qui ne consomme pas et qui deale, c'est un monstre. Il vend la mort aux autres, alors que lui, il se protège de la dope !

À ce moment précis, vous n'avez toujours pas l'impression d'être toxicomane ?

Non. Dans ma tête, à ce moment-là, un toxicomane, c'est encore quelqu'un qui se pique… Je ne réalise pas mon degré de dépendance. Pourtant, j'étais accro.

C'est durant cette garde à vue que j'ai eu la possibilité de m'enfuir. J'avais réussi à enlever les menottes accrochées à ma chaise. L'inspecteur faisait des allers-retours. Un moment, j'ai eu le poignet, puis le bras complètement libres. J'avais fait coulisser ma main, elle quittait complètement ma menotte. Je me suis pris la tête. Qu'est-ce que je fais ? Je saute du premier étage. Au pire, je me casse la cheville, mais je cours. Puis je me suis parlé à moi-même. Attends, c'est une évasion. Ce ne sera pas la même peine, s'ils te rattrapent. Une minute de réflexion… J'ai remis ma menotte. J'ai eu peur de m'évader. Heureusement.

Logiquement, après les interrogatoires policiers, j'ai été présenté à un juge. Mis en examen. Et expédié en prison…

L'analyse que je fais aujourd'hui de tout cela ? Je pense que les flics et les juges ont été un peu dégoûtés, parce qu'ils ont raté la cargaison. Il y a certainement eu une boulette de leur part. Ils n'ont pas eu à temps le renseignement qui leur aurait permis de nous coincer en flagrant délit. Peut-être que leur indic ne leur a pas fourni d'information, ou qu'ils ont perdu notre trace lorsqu'ils nous filochaient. Mais il a dû y avoir un problème.

Comment l'instruction s'est-elle déroulée ?

Mal. En un an, j'ai été convoqué deux fois par le juge chargé de l'affaire. Je n'ai eu aucune connaissance précise de l'avancée de l'instruction. L'enquête progressait, mais le juge ne me convoquait jamais. On évitait de me faire extraire de la prison pour me questionner. Cela me rendait fou ! Je n'étais pas tenu informé des investigations. Mon avocat non plus.

Mon seul petit plaisir aura été de récupérer du cannabis lors des confrontations durant l'instruction…

Comment est-ce possible ?

Après la sortie du bureau du juge, j'avais un contact physique rapide avec des copains. Les gendarmes étaient assez cool. Ils nous laissaient discuter deux minutes avant de repartir dans les voitures d'escorte. Des amis m'attendaient pour me dire au revoir à l'extérieur du palais de justice. Ils m'embrassaient avant le départ, ou me serraient la main… Et c'est à ce moment-là qu'ils me donnaient discrètement une barrette de shit. Je la gardais dissimulée, au fond de ma main, tout le long du trajet dans le fourgon, encadré par les gendarmes. Ensuite, dans la cellule d'attente, dans la prison, j'avais juste le temps de coincer la barrette entre mes fesses, et le tour était joué !

Comment votre procès s'est-il déroulé ?

En 2000, le procureur a réclamé cinq ans ferme. Sans sursis. Sans rien. J'ai été condamné à trois ans dont dix-huit mois ferme. Les magistrats ne se sont pas trompés. Ils ont affirmé que j'étais un trafiquant. C'était la simple réalité. Je ne pense pas que l'on soit ravi d'écoper de trois ans de prison. Mais le montant de la peine était inférieur au maximum prévu par le Code pénal, alors je ne me suis pas plaint. Pour ce que j'ai fait, j'ai mérité une telle sanction.

Je suis de nature à assumer. Pas vu, pas pris ! Vu, pris ! Dès l'instant où j'ai fait une connerie, si l'on me punit, je trouve ça normal. J'assume. Je paie.

Chapitre 15

« RACAILLE »

> « Aucune rue, aucune cave, aucune cage d'escalier ne doit être abandonnée aux voyous. »
>
> Nicolas Sarkozy, 28 mai 2009.

Je n'ai jamais eu de problème de racisme avec la police dans la cité. Honnêtement, je ne veux pas raconter de conneries. Je me suis fait des films parfois lorsqu'ils nous contrôlaient parce qu'on était des Arabes. Mais jamais un fonctionnaire ne m'a insulté, « Sale Arabe ! » ou « Tais-toi Bougnoule ! ». De mon côté, je n'ai jamais manqué de respect envers la police. Jamais insulté un policier, même ceux qui m'ont interpellé. Je n'avais pas ce tempérament. Ma génération était peut-être plus respectueuse. Autrefois, dans la cité, si on connaissait le policier, on le saluait d'un geste de la main. On assumait nos conneries. Si on était incarcérés, c'est qu'on avait fait des choses illégales… Je n'ai jamais cramé de voitures, pour m'amuser ou pour revendiquer je ne sais quoi. Ce n'était pas trop la mode. Dans la cité, lorsqu'une voiture était incendiée, c'était un règlement de comptes. Le véhicule appartenait à un indic.

Et les émeutes, les contrôles abusifs ?

Oui, ça, on l'a vécu à la cité du Stade. Avec les CRS. Les forces de l'ordre dans la cité ? C'était comme en temps de guerre. Couvre-feu à 22 heures. Plus personne dehors. C'est arrivé à plusieurs reprises. Notamment, en 1998, à l'occasion d'un simple contrôle routier qui a eu lieu entre les deux cités. Deux jeunes se sont fait contrôler par des motards. Tout de suite, il y a eu un attroupement, une bousculade. Puis, la bagarre générale. La police a appelé des renforts. Et c'est parti en vrille ! Tout le monde a pris des peines de prison. La plus petite condamnation, c'était deux ans. Un des motards de la police est resté dans le coma plusieurs mois. Et la personne qui a été condamnée, ce n'est pas celle qui avait frappé le policier – je le sais. Mais le faux coupable n'a pas balancé le vrai !

Caché derrière un buisson, à 100 mètres de là, j'ai assisté à toute la scène. Je ne voulais surtout pas m'approcher. Et je ne voulais en aucun cas avoir des ennuis avec la police. Je faisais mon business en tant que trafiquant de drogue. Pas question d'avoir des histoires ! Il ne manquerait plus que je sois mêlé à cette bagarre générale. Cela casserait mon travail ! S'ils me mettaient en prison, je perdrais tout.

Donc les émeutes, ce n'est pas bon pour le business ?

Ah non ! Quand les CRS quadrillaient la cité, on ne pouvait plus dealer. C'était impossible. Ils contrôlaient toutes les voitures !

Existait-il une omerta dans la cité ?

Les habitants ne dénonçaient pas, par crainte. Ou alors cela se passait de manière anonyme. L'insécurité, dans ma cité, c'était relatif. Dans la journée, les gens se promenaient sans souci. Il existait encore un respect des jeunes pour les anciens. Quand les adultes rouspétaient parce qu'on faisait du bruit dans les entrées d'immeuble, on quittait les lieux.

Le respect des anciens fait aussi partie de la culture musulmane. On nous l'avait inculqué. Si des voisins interpellaient mes parents : « Tiens, j'ai vu traîner ton fils dehors », on n'allait pas se venger pour autant ! Il y a vraiment eu un très, très grand changement en l'espace d'une quinzaine d'années. Les jeunes ne respectent plus rien. Ils n'ont plus aucun repère !

C'est étrange, ce genre de réflexion dans la bouche d'un ex-dealer. Ce n'est pas sans rappeler les commentaires des vieux voyous qui ont du sang sur les mains et qui estiment que les jeunes hors-la-loi manquent d'honneur.

Je ne sais comment vous l'expliquer. On trafiquait, certes, mais on avait un certain respect…

Il existe un sujet peu abordé par les médias. Ce n'est pas l'insécurité, mais l'entraide en banlieue…

Longtemps, ma mère a aidé une famille d'Algériens modestes qui vivotaient à la cité du Stade. Un jour, je me souviens, après avoir vu ses copines, maman m'a demandé : « Prends ta voiture ! Va chercher une caisse de viande congelée pour eux ! »

Ils n'avaient pas de quoi se nourrir. D'autres personnes réclamaient de l'argent à mes parents, qui leur prêtaient. Ma belle-mère – sans emploi – empruntait régulièrement à une voisine plus aisée. Enfin, plus aisée, c'est un grand mot. Le père de cette famille de quatre enfants travaillait, tout simplement. Cela se faisait discrètement. Par pudeur. C'était un peu la honte de réclamer de l'argent aux amis ou aux voisins.

Encore aujourd'hui, une certaine entraide perdure. Lorsqu'il y a un décès, la famille du défunt a besoin d'argent pour rapatrier le corps à l'étranger. Cela nécessite des fonds. Alors, ils font une quête. Et dans le quartier, les gens donnent. De toutes origines. Des Africains, des Asiatiques… Tous font preuve de solidarité. L'imam de la mosquée lance également un appel, généralement très suivi. Le musulman doit aider son prochain.

Les journalistes ne disent jamais que dans ces quartiers, il existe des gens bien. Ce n'est pas parce qu'on vient d'une banlieue qu'on doit être assimilé aux voyous. Il y a toute une population qui aspire à la tranquillité, qui désire la sécurité. Les médias nous montrent ce qu'ils ont envie de montrer... Les trafics, la zone, les bagarres, et... l'insécurité. À la cité du Stade, l'insécurité, ce n'est pas vraiment le problème. Les filles sont respectées. On ne traite pas de « salope » une jeune femme en minijupe. Peut-être que c'est une habitude dans d'autres cités des agglomérations parisienne ou marseillaise. Il ne faut pas généraliser. Toutes les banlieues ne sont pas similaires.

Mais elles ont un point commun : la drogue. J'en suis persuadé. Vous trouvez du haschich et de l'héroïne partout ! C'est à la portée de tous. Le vrai changement est là. Partout, ou presque partout : il y a des exceptions. Déjà, il y a plus de dix ans, on ne pouvait pas vendre d'héroïne ou de cocaïne dans les cités de l'agglomération lyonnaise. C'était mal vu de dealer de la poudre ! On m'aurait chassé si j'avais vendu de l'héro là-bas. On était considérés comme des vendeurs de mort. Un copain lyonnais m'avait d'ailleurs mis en garde. « Ici, on a expulsé une famille de la cité en les poussant à bout ! Leur fils dealait de l'héro. Cela ne se fait pas. Si un trafiquant de blanche se pointe, on le crame, et toute sa famille avec ! » Aujourd'hui encore, si j'en crois ce que me disent certains, Lyon n'a pas totalement basculé dans la drogue dure. On trouve de l'héroïne à Villeurbanne, à Villefranche. Mais à Vaux-en-Velin, à Vénissieux, aux Minguettes, à Saint-Fond, c'est difficile de s'approvisionner.

Aujourd'hui, la situation se dégrade. Ce sont les plus jeunes qui se mettent à dealer. À 13 ans, ils roulent sans permis. À 16 ans, ils sont déjà dépendants à l'héroïne. Il y a dix ans, à cet âge, ils commençaient à fumer, mais jamais l'héro ! Qu'est-ce que cela va être dans dix ans ? C'est au berceau qu'ils vont faire des conneries ! Quand ils ont 15 ans, on peut essayer de changer la situation. Mais si à 15 ans, ils sont accros à l'héroïne et ils font déjà les cons... on va avoir du mal à redresser la barre. Faut les prendre à temps. Maintenant, si le gamin tourne à 2 000 ou 3 000 euros, s'il a le goût du luxe, tu ne vas pas l'envoyer au charbon pour le SMIC !

Les politiques auraient dû se soucier du problème bien avant. Par exemple, la cité du Stade à Chalon a été rénovée. Résultat : c'est encore pire qu'avant. Il y a toujours autant de magouilles. Et les dealers ont rajeuni... Il y a un réel malaise. L'endroit a été rénové, mais cela ne fonctionne toujours pas. Donc la solution, ce n'est pas uniquement la remise à neuf des bâtiments. Maintenant, moi, je n'ai pas la solution miracle. Les hommes politiques sont payés pour cela ! Je pense qu'ils ont du fric pour tenter de mettre des choses en place. La parole que je peux leur apporter, c'est : donnez-leur du boulot et de l'espoir ! Parce qu'ils en ont besoin. Les jeunes sont désespérés. Ils ne se préoccupent plus de leur avenir. Ils ne pensent pas à demain. Les anciens, les parents vont finir par ne plus accuser uniquement le jeune en faute. Bientôt, ils vont montrer du doigt les pouvoirs publics et dénoncer la responsabilité de l'État. Certains disent déjà : « Mon fils, je comprends pourquoi il est comme cela. »

Trouver du travail lorsqu'on vient d'une cité et qu'on est d'origine maghrébine est-il toujours aussi compliqué ?

Bien sûr, je l'ai vécu ! Pas dans mon travail actuel. Mais dans mes recherches d'emploi. Les gens comme nous ont besoin de se faire aider pour trouver du boulot. Il ne faut pas se voiler la face. En tant que Maghrébin, si on n'a pas un petit coup de piston, c'est souvent l'échec ! Parfois, lorsque je donnais mon nom par téléphone, on me disait : « Pas de problème, la place est encore libre. » Ça m'est arrivé trois, quatre fois. Et lorsque je me retrouvais devant l'employeur, on me disait : « Au fait, on a oublié de vous dire, il y a déjà des personnes devant vous. On vous rappellera ! » Dati, ça ne sonne pas maghrébin.

Alors, comment voulez-vous que l'on ne soit pas révolté ? Comment voulez-vous avoir de l'espoir ? Le malaise est partout.

Les termes « Kärcher », « racaille » employés par Nicolas Sarkozy vous choquent-ils ?

Bien sûr que cela me choque. Il n'avait pas à tenir ce genre de propos. L'image de Sarkozy dans les banlieues est désastreuse. Quand il était ministre de l'Intérieur, il était vraiment dur. Il ne trouvait pas de solutions, alors il ne faisait que de la répression. Après qu'il les a traités de « racailles », pas un seul jeune de cité ne va dire : « Ouais, Sarko, il est bien ! » Exception faite de mes frères et sœurs, des gens calmes qui ne font pas d'histoires. Qui approuvent sa politique : « Que Sarko fasse un peu le ménage ! » « Racaille » et « Kärcher », ce ne sont pas des termes à employer. Chacun a le droit de faire des erreurs, certes. Mais j'ai l'impression que, pour ce qui est du dossier des banlieues, Nicolas Sarkozy enchaîne les erreurs.

Chapitre 16

CASE PRISON

« Pour l'opinion publique, la prison n'est pas un sujet populaire. La prison inquiète, la prison indigne. [...] Je le dis en toute clarté : tout n'est pas parfait en prison. [...] Vous le savez, les prisons françaises n'ont pas toujours été à l'honneur de la France [...]. Quelle est la philosophie du projet gouvernemental ? La loi pénitentiaire n'a pas pour finalité de désengorger les prisons [...]. »

Rachida Dati,
examen du projet
de loi pénitentiaire, 3 mars 2009.

« Le nombre de personnes détenues dans les 194 établissements pénitentiaires français a augmenté de 1 % en mars pour s'établir à 63 351 personnes au 1er avril, pour environ 51 000 places, annonce l'administration pénitentiaire. »

Reuters, 24 avril 2009.

J'ai été incarcéré à la prison Saint-Joseph de Lyon. C'est une vieille prison. Quand la porte s'est ouverte, j'ai repensé à la prison de Varennes-le-Grand, où j'avais été incarcéré en 1993 pour vol. Je me suis dit : « Ça y est, c'est reparti ! » Je suis arrivé un samedi dans la cellule d'attente. On a pris mes empreintes. On m'a fouillé. Nu, vous écartez les jambes. À genoux, vous toussez. Vous ouvrez la bouche. Vous tirez la langue. Je suis resté jusqu'au lundi dans la cellule des arrivants. C'était délabré. Je n'osais pas aller aux toilettes, je me retenais. J'étais à deux doigts de faire mes besoins par terre. Un endroit vraiment dégueulasse. Sur les murs, il y avait des traces d'excréments. Pas de papier toilette. Les détenus se torchaient avec leurs doigts. Le lit, c'était une mousse. On vous donnait un paquetage, des draps et des couvertures vertes qui grattent, la vaisselle : bol, assiette, couverts. J'ai eu droit à des repas froids tout le week-end. Ça commence comme ça, la prison…

Lorsque je suis arrivé, les autres détenus m'ont interpellé : « Oh, l'arrivant ! T'es qui ? Tu viens d'où ? » J'ai essayé de ne pas trop en dire. Faut pas trop raconter sa vie en prison. Il y a toujours quelqu'un susceptible d'écrire au juge pour dire que tu as avoué, ou révéler l'endroit où tu as planqué ta came. Il faut être discret. Il y a toujours des balances. Donc j'ai répondu simplement : « Trafic de stups. »

Les gens m'ont questionné par la fenêtre de ma cellule. « T'as besoin de quelque chose, l'arrivant ? Tu veux du thé ? Du café ? Du tabac ? » Bien sûr que j'en voulais. On m'a dépanné avec un Yo-Yo.

C'est un morceau de drap au bout duquel on avait accroché une tasse avec du café, un paquet de chips, un peu de tabac. L'autre détenu qui allait m'expédier tout cela avait un miroir… Il a estimé où j'étais, au jugé. Et hop ! Il m'a jeté le colis. Moi, aux barreaux, j'ai sorti un cintre et j'ai réceptionné la boîte accrochée au drap avec du Scotch. Les détenus ont toujours aidé les arrivants. Voilà pour le Yo-Yo. À ne pas confondre avec le toto, une résistance pour chauffer l'eau.

À peine arrivé, j'ai commencé à cantiner, c'est-à-dire à acheter des produits de première nécessité. Cigarettes, café, dentifrice, brosse à dents. Des timbres, du papier à lettres. J'avais 200, 300 francs en poche.

Puis, on m'a affecté une cellule.

À Lyon, ils essayaient d'installer les détenus de façon à ce que ce soit le plus calme possible. Il y avait un étage réservé aux jeunes adultes, le JA, puis d'autres baptisés A, B, C, D. La zone la plus turbulente, c'était le JA. On a surnommé l'endroit « les gremlins » *[bestioles féroces et idiotes, personnages du film de Joe Dante]*, car il y a beaucoup de jeunes majeurs des cités assez difficiles. En raison de mon âge, on m'a installé à l'étage D, et je me suis intégré assez facilement, aux côtés des grossistes, des braqueurs, des meurtriers.

Dans ma cellule de 9 mètres carrés, nous étions trois. Normalement, c'était un espace prévu pour deux prisonniers. Mes deux colocs ? Deux Arabes, originaires de Tunisie et du Maroc, des Lyonnais. Un trafiquant de stupéfiants et un voleur multirécidiviste. Ce dernier était un gars en or qui n'a jamais eu de chance dans la vie. Il cambriolait les maisons, dérobait dans les magasins. Mais il se faisait systématiquement interpeller. Mes deux codétenus avaient presque mon âge, 25 ans – j'en avais 27. Ils n'étaient pas mariés et n'avaient pas d'enfant.

Les toilettes se trouvaient près du lavabo, derrière un petit mur de pierre. On était obligés de tirer une sorte de rideau pour avoir un minimum d'intimité. On brûlait des peaux d'oranges, posées sur la tuyauterie, pour éliminer les odeurs. Ça nous servait d'encens. Sur les murs, des posters de femmes nues, de motos et de voitures de sport.

Comment avez-vous vécu l'enfermement ?

Enfermé, j'ai pensé que ma vie allait s'arrêter. Quand on est en prison, de toute façon, on a l'impression que la vie se fige. L'existence repart lorsqu'on est libéré. On n'a plus vraiment de contact avec la vie extérieure. C'est une parenthèse.

Les premières nuits ont été très difficiles. Je pensais à maman, à mes enfants, à ma femme. Ça me faisait mal. J'envisageais mon avenir : « Combien je vais prendre ? » La première semaine, lors des promenades, les autres détenus se sont livrés à un pronostic sur mon avenir judiciaire. Une sorte de jeu de loterie : « Toi, tu vas prendre tant d'années de prison ! », ou encore : « Dans six mois, tu seras dehors. » Chacun avait sa version. Au final, cela me détruisait le moral.

En prison, tu déprimes assez facilement.

Quand tu reçois une lettre de ta copine dans le style « je suis toute seule », le moral dégringole. Derrière les barreaux, on devient encore plus fragile, car on ne peut pas agir sur les choses. Votre femme dit qu'elle en a assez. Vous n'y pouvez rien. On est brisé. Ensuite, c'est une question d'habitude. J'ai connu des personnes fortes à l'extérieur qui se sont suicidées en détention. Durant mon incarcération, il y a eu cinq ou six suicides en l'espace de dix-huit mois. C'est énorme.

Comment ces prisonniers ont-ils mis fin à leurs jours ?

Avec les draps. La plupart se pendaient. Ils attendaient que leur codétenu aille en promenade ou s'endorme. Le scénario classique : le détenu prenait un drap, l'attachait aux barreaux de la fenêtre, puis il se débarrassait de la chaise ou de la table sur laquelle il était monté. Il se retrouvait dans le vide. Pendu.

La raison de ce geste ? La plupart du temps, c'était une femme. Leur épouse. Leur copine. Une rupture qui les fragilisait.

Je me souviens d'un voisin de cellule dont c'était

le premier séjour en prison. Il avait reçu des lettres de sa petite amie, qui ne voulait plus lui rendre visite au parloir, qui allait le quitter. Il s'était confié à moi. Un soir, il nous a salués d'un geste de la main : « Au revoir, à demain, passe une bonne soirée. » À 2 heures du matin, le codétenu de notre voisin a hurlé. « Surveillant ! Surveillant ! Il est mort ! Il s'est pendu ! » Les surveillants sont arrivés une demi-heure plus tard. Trente minutes plus tard, vous vous rendez compte !

Chaque fois, c'était comme ça. Je n'ai jamais vu un surveillant arriver au bout de cinq minutes. Ils faisaient leur ronde, ils dormaient ? En cinq minutes, on peut sauver la vie de quelqu'un, non ? Le codétenu qui voit son copain pendu, il est très choqué. Il est terrorisé. Il n'est pas formé pour faire les premiers gestes de secours...

Sur les suicides que j'ai connus, quatre étaient liés à des histoires sentimentales. Une fois, notamment, c'était à cause d'un adultère. La femme avait trompé son mari incarcéré. Le mari l'a su. Un ami lui a raconté qu'il avait vu son épouse à l'extérieur avec un autre homme. Le mari s'est buté.

Je me rappelle avoir vu passer un gars par l'œilleton. Les matons l'avaient couvert d'un drap. J'ai encore la chair de poule lorsque je repense à cet épisode. Voir passer un cadavre devant soi...

Moi aussi, cela m'est passé dans la tête de me foutre en l'air en prison. À un moment donné, tu en as marre ! J'allais mal. Tout est arrivé en même temps. Ma femme a commencé à vouloir me quitter et ma mère était malade. J'ai fait une tentative de suicide en prenant des médicaments que d'autres détenus m'avaient donnés. J'avais fait un « cocktail ». J'ai eu un malaise. J'ai été hospitalisé. Ça n'a pas marché. Ils m'ont fait un lavage d'estomac.

À propos des suicides en prison, votre sœur Rachida Dati, après un passage en octobre 2008 à Fleury-Mérogis en tant que garde des Sceaux, a affirmé qu'il fallait généraliser des Interphone dans les cellules.

C'est une très bonne idée. Si votre codétenu veut mettre fin à ses jours, vous appuyez sur un bouton et on vous répond immédiatement. À Lyon, il n'y avait pas ce système. Il fallait taper à la porte. C'est ce que l'on faisait. Les gars tapaient de porte en porte. Tout l'étage se mettait à frapper en hurlant : « Suicide, suicide ! » afin d'alerter les matons, dont le bureau se trouvait tout en bas. Sinon, lorsque vous essayiez d'alerter tout seul, personne ne vous entendait. Le personnel pénitentiaire mettait du temps à venir, car les bâtiments étaient grands. En plus, le soir, généralement à partir de 19 heures, ils jouaient aux cartes… L'autre problème, c'est que certains détenus s'amusent de temps en temps à faire croire qu'il y a un suicide. Les surveillants se déplacent pour rien. Alors, fatalement, même lorsqu'on tape les portes pour alerter et qu'un détenu a vraiment voulu en finir, les surveillants ne prennent pas toujours l'affaire au sérieux. Ils arrivent cool, tranquilles… Quinze, vingt minutes, une demi-heure plus tard ! Le mec, il a eu le temps de mourir dix fois !

Avez-vous parlé de votre tentative de suicide en détention à votre sœur lorsqu'elle était ministre de la Justice ?

Non. Je n'en ai jamais parlé à personne. Ni à Malika. Ni à Houari. À personne de ma famille, à l'exception de mon ex-femme et de ma compagne actuelle. Je voulais garder cela pour moi… Je ne voulais pas leur créer des soucis supplémentaires. C'est vrai qu'à ce moment-là, je me suis demandé : « Pour quoi je vis ? » Si j'étais seul, je dirais peut-être maintenant encore : « Dommage que je ne me sois pas foutu en l'air ! » Quand je pense à mes enfants, cette question ne se pose plus.

Votre sœur a également mis en cause les médias, affirmant que plus on parle des suicides en prison, plus il y en a. Qu'en pensez-vous ?

Cela n'a rien à voir. Un mec ne se suicide pas parce que c'est à la mode. Il a un problème personnel, et il ne supporte pas la détention. J'ai vu des mecs qui pleuraient toute la nuit et qui s'ouvraient les veines. C'est fréquent. Les détenus ne sont pas suivis. Ils sont livrés à eux-mêmes. Tout le monde s'en fout.

Même si le détenu a alerté son psychiatre le matin en lui disant : « Voilà, je vais me suicider ! », les surveillants, pourtant alertés par le psychiatre, oublient de donner la consigne à leur collègue qui fait la nuit. Ils s'en fichent ! Ils se disent : « S'il veut mettre fin à ses jours… il n'a qu'à le faire ! » Moi, ils m'ont balancé en pleine gueule : « Je ne suis pas assistante sociale. » Ça veut tout dire. Si un détenu réclame immédiatement un médecin, les surveillants lui répondent : « Tu iras le voir demain. » Et dans la nuit, le gars se tue.

En prison, si tu veux te foutre en l'air, c'est facile. Après, il faut avoir la force de le faire. Il suffit de commander des lames de rasoir fournies par l'administration. En détention, il y a des couteaux qui circulent. Des crans d'arrêt, des laguioles… J'ai vu dans les cellules des couteaux de boucher qui provenaient des cuisines. Alors que normalement, en prison, tu dois avoir un couteau rond, qui coupe à peine.

Lorsque vous aviez des envies suicidaires, de quel soutien bénéficiiez-vous ?

Vous aviez un suivi par un psy. Mais ils ne peuvent pas vous l'imposer. Sauf s'il y avait une obligation de soin par un psychiatre ou un psychologue prévue par le jugement.

Je n'ai pas eu le sentiment qu'il manquait de psys en prison. Il y a des médecins qui vous prescrivent facilement ce que vous leur demandez. Rien à voir avec les médecins de l'extérieur. Un psy en taule, vous lui dites : « J'ai du mal à dormir », il va vous donner du Valium, du Tranxène. Moi, j'ai demandé des antidépresseurs. Temesta. Lexomil.

Est-ce qu'on rêve à quelque chose en prison ?

Quand on rêve, ça fait du mal. Le seul moment où l'on s'évade…

Comment les premiers jours se sont-ils déroulés ?

Les premiers jours, je ne travaillais pas. Je me levais à 9 heures pour boire mon café. On se lavait et on partait en promenade pendant une heure. L'après-midi, le programme était identique. La promenade se terminait à 16 heures. Je ne quittais pas ma cellule avant le lendemain. Je passais mon temps à jouer aux cartes ou à regarder la télé. La location de la télé coûtait 180 francs par mois. Je faisais aussi des pompes pour m'entretenir. Je prenais une douche deux fois par semaine. Dans la cellule, on passait la serpillière chacun son tour. Le ménage en prison est souvent source de conflit. Lorsque les gens sont sales, il y a des bagarres à cause de la vaisselle pas faite.

Le samedi, on regardait le film X sur Canal +. Lors de la diffusion, ce qui est étonnant, c'est que l'on n'entendait plus un bruit derrière les barreaux. Alors que d'habitude, jusqu'à 2 heures du matin c'était le bordel, ça gueulait, ça parlait, ça fumait, ça picolait, ça rigolait !

Comment les détenus font-ils l'amour en prison ?

Cela se déroulait dans l'un des quinze box du parloir. Il y avait une chaise de chaque côté et, au milieu, une table. En général, on attendait que le surveillant place toutes les familles puis s'installe dans le couloir. Il fallait faire l'amour tout de suite. Mon épouse venait le lundi toute seule, et le mercredi avec les gamines. Donc, c'était le lundi… Elle n'avait qu'à escalader la table et venir sur moi. Comme la plupart des compagnes de détenus, elle faisait en sorte de venir en jupe. En hiver ou en été. C'est plus rapide et plus discret. Évidemment, les matons le savent. Parfois aussi, il y avait des prostituées. Un braqueur de banque faisait entrer des belles de nuit.

À la fin du parloir, qui durait une demi-heure, certains détenus repartaient avec des vêtements – des chemisiers, des pulls – imprégnés de l'odeur de leur compagne. Mon épouse dormait toujours avec des tee-shirts à moi. Avec mon odeur.

Ma femme est venue me voir au bout de deux mois de détention. Le juge n'avait pas voulu délivrer de permis de visite auparavant. C'était une pression qu'il m'infligeait. Les filles m'écrivaient : « Papa, je t'aime », « On pense à toi ». C'est dans ces moments-là que je pleurais. De joie comme de tristesse.

Elles ont pu venir me voir après cinq mois d'incarcération. Un jour, ma femme est venue au parloir. Elle avait caché les deux petites sous la table. Quand je suis arrivé dans le box, je l'ai aperçue, debout toute seule. Je lui ai dit : « Assieds-toi. » Elle a répondu par la négative. Puis elle a ajouté : « Allez, levez-vous ! » À ce moment, mes deux filles sont sorties de leur cachette. J'étais fou de bonheur.

Qu'avez-vous dit à vos enfants ?

J'ai tenté de leur expliquer que j'avais fait une bêtise. J'essayais de les réconforter. « Mes chéries, papa sort bientôt. Il ne faut pas être tristes. On va bientôt se retrouver. » Je leur confiais toujours ce message. Elles le comprenaient. C'était un moyen de les rassurer. C'était important de leur répéter cela. « Bientôt je quitte la prison. Faut vous occuper de maman. Papa n'est pas triste. Il pense à vous. » Il fallait les rassurer à tout prix. Les enfants ne vous révèlent jamais ce qu'il y a au fond de leur cœur. Lorsqu'on se quittait, les petites pleuraient. Moi, je n'étais pas bien. Cela me hantait. Jusqu'au prochain parloir. J'ai toujours eu peur que mes gosses n'aillent pas bien.

Et le courrier ?

Ma femme m'écrivait tous les jours, comme je le lui avais demandé. Dans l'enveloppe, il y avait toujours un dessin de mes enfants. Le dessin type, c'est papa, maman, une maison, une voiture et les deux petites. Un portrait de famille. Pour elles, c'était un signe de liberté. Le message qu'elles m'envoyaient, qui signifiait : Papa, reviens vite.

Je conservais les sweats de mes enfants. Avec leur odeur. Leur parfum.

Comment votre épouse, sans emploi, a-t-elle surmonté votre incarcération ?

C'était difficile. Vous savez, chaque femme au parloir se lamente toujours devant son homme : « Tu m'as abandonnée, tu m'as laissée. » Mon épouse m'a fait ce genre de réflexion.

Concrètement, elle était obligée de travailler. Sa famille l'aidait un peu. Elle faisait des ménages à droite à gauche. Elle devait s'occuper, seule, des enfants, alors que je l'avais toujours épaulée. Elle avait pris l'habitude d'être insouciante, lorsque j'avais de l'argent. C'est le genre de problème auquel j'étais confronté. C'était vraiment la double peine !

Ma mère est venue me rendre visite au bout de quatre mois. La première fois, elle était en larmes. J'ai pleuré dans ses bras. Elle s'est lamentée : « Regarde, mon fils, où tu en es maintenant ! » C'était un moment dur. « Je t'ai répété d'arrêter de faire des bêtises. » J'ai tenté de la rassurer. « Ne t'inquiète pas, maman, tout va bien. Je suis un homme. Ne te fais pas de souci. »

Mes frères Omar et Kamal m'ont écrit. Mes sœurs Najate, Fathia, Nadia, Malika également. Les autres, non. Houari, non. Jamila, non. Rachida, non. Je ne leur en ai jamais voulu. C'était leur choix.

Mon père n'est pas venu me voir en prison.

Durant votre détention, vous vous êtes finalement séparé de votre épouse.

C'était quelque mois avant ma sortie. La séparation s'était faite petit à petit. Elle venait en retard au parloir. On se chamaillait. Elle n'arrêtait pas de me faire des reproches. « Tu m'as abandonnée. »

Avec les enfants, elle ne faisait plus face financièrement. C'était trop dur. Un jour, j'ai refusé le parloir. Et puis, cela s'est dégradé. Elle n'est plus venue. Puis on s'est mis d'accord sur la rupture. Après tout, il fallait arrêter de se faire du mal. Moi, si je sombrais dans la déprime en prison, c'était fini ! Mais le plus tragique, c'est que je n'ai plus vu mes deux filles. Je ne les ai revues qu'une fois remis en liberté.

Chapitre 17
À L'OMBRE

En prison, à Varennes-le-Grand, j'ai connu le mitard, le quartier disciplinaire. Tout cela à cause d'une histoire idiote lors de la distribution d'un repas. Je me suis engueulé avec un surveillant parce qu'il m'a refusé du rab alors qu'il y avait plus de merguez que prévu. Il a jeté le supplément de nourriture. Le ton est monté. J'ai fini par le traité d'enc… Un rapport a été transmis à la hiérarchie. Je suis passé devant le directeur, qui m'a sanctionné. On m'a collé quinze jours de mitard.

Le mitard, ça a été l'enfer ! Imaginez : les surveillants ouvrent la première porte de la cellule. Il y a encore une grosse grille. Comme une cage. Ils ouvrent ensuite la seconde porte. Devant la fenêtre, il y a un énorme Plexiglas blanc, donc on ne voit rien derrière. On est isolé de tout. Les livres sont interdits. Alors, j'ai médité toute la journée. Je faisais la promenade tout seul, dans une partie de la prison qui ressemble à une petite tranche de camembert. Le matin, à 8 heures, les surveillants m'enlevaient mon matelas. Je me retrouvais sur le sommier métallique jusqu'à 17 heures. Au moment de la gamelle, pour m'allonger et éviter la ferraille, j'installais la couverture pour me protéger. Mais j'avais quand même des traces dans le dos. Cela me mettait hors de moi ! C'est l'humiliation ! Et cela a duré quinze jours. Le matin, on me donnait une espèce de café insipide avec du pain rassis. À 17 heures, vous avez la gamelle. Si elle n'est pas bonne, vous ne mangez pas. Je ne m'alimentais plus. J'avais faim. J'étais brisé, rabaissé plus bas que terre.

Évidemment, je n'ai rien raconté de tout cela à maman lorsqu'elle est venue me voir alors que j'étais encore au mitard. Mais elle s'est doutée. Ce n'était pas le parloir habituel, mais la fameuse paroi de verre que l'on voit dans les films et qui vous interdit tout contact physique avec les visiteurs. Maman était affolée. « Mais qu'est-ce que tu as encore fait ? » Je l'ai rassurée : « Mais non, maman, c'est rien ! » Fallait pas raconter ses problèmes aux membres de sa famille, pour éviter de les faire souffrir…

Quand je suis sorti du mitard, j'ai eu l'impression d'être libre. J'étais content d'être… en prison. De retrouver ma cellule, ma télé, mes cigarettes et la Ricoré. Ce sentiment de liberté a duré quelques jours puis, après, je suis retombé dans la réalité. J'étais toujours enfermé.

Quel genre de violence avez-vous connue en prison ?

J'ai vu des matons organiser des règlements de comptes. Par exemple, des détenus voulaient se faire un autre détenu, qui avait balancé autrefois un de leurs copains à la police. Ils ont demandé à un surveillant – pas n'importe lequel – de le mettre à la douche. « On va s'en occuper ! » Le maton a envoyé la balance en dernier à la douche, puis il est allé chercher les autres détenus. Et le type s'est fait démolir.

C'est grave ce que vous affirmez. Cela signifie que certains personnels pénitentiaires sont complices de règlements de comptes internes.

Bien sûr. Je ne sais pas si le surveillant en question a touché de l'argent pour cela. De toute façon, personne n'a rien vu. Rien su. En prison, il y a une règle d'or : le silence. Tu n'es témoin de rien. Tu ne dis jamais : « J'ai vu Untel frapper Machin Chose. » Sinon, t'es mort !

Même d'un bâtiment à un autre, on pouvait t'atteindre. Ceux qui voulaient régler leurs comptes à distance pouvaient faire passer leurs consignes aux « gamelleurs », ceux qui apportent les repas. Les gamelleurs transmettaient à certains détenus, qui résidaient dans le même endroit que la cible : « Voilà, le mec de telle cellule, il faut le défoncer. » Les détenus voyaient la victime en promenade, ils la rencontraient à la douche. Et ils lui réglaient son compte !

En général, les détenus agressés étaient soit des balances, soit des « pointeurs » *[des agresseurs sexuels]*. Les délinquants sexuels étaient dans un bâtiment à part. Mais cela n'empêchait pas qu'ils se fassent tabasser par les autres détenus. Pour aucune raison en particulier. Simplement pour leur crime. Par exemple : deux « droit commun » vont défoncer la tête d'un violeur d'enfants. Même dans un couloir. Même s'ils n'en ont théoriquement pas le droit, les surveillants révélaient aux autres détenus l'identité des délinquants sexuels, la date de leur arrivée et leur numéro de cellule... Alors que les pointeurs tentaient d'effacer la nature de leur crime en jetant les procès-verbaux de leur dossier dans les toilettes de la prison.

Cela m'est arrivé de frapper un pointeur au retour des ateliers. On était une quinzaine. On a croisé deux pointeurs près des chariots de gamelle, qui sortaient de l'ascenseur. Comme les grands chariots nous cachaient des caméras de surveillance, on a en profité. Et bing, bam, boum !

Saint-Joseph était-elle une prison passoire ?

Il faut dire la vérité : la drogue pénétrait en taule. Notamment par les « projections » en direction des terrains de sport, qui donnaient sur la rue.

Voilà dans le détail comment cela fonctionne : lors du parloir, le détenu demande à son frère ou à son copain de se placer de l'autre côté du mur durant les heures de sport. Avant de descendre sur le terrain, en cellule, le détenu prépare un paquet de cigarettes avec à l'intérieur 10 grammes de shit. Paquet qu'il conserve sur lui. Ensuite, il part en promenade, pour le sport. Arrivé sur place, le détenu réceptionne sa « projection » : un paquet de cigarettes bourré de 50 à 100 grammes de cannabis, lancé par-dessus le mur par son complice. Les miradors hurlent : « Projection ! Projection ! » Avant que les surveillants déboulent, le détenu jette par terre son paquet de cigarettes préparé en cellule avec un petit bout de shit dedans…

Une fois sur place, les surveillants saisissent la petite quantité de cannabis, croyant qu'il s'agit de la vraie projection. En réalité, le détenu a récupéré 50 ou 100 grammes de shit. Il faut sacrifier 10 grammes pour que le tour de passe-passe fonctionne…

À Saint-Joseph, il y avait également un surveillant de prison surnommé « Pierrot le Fou » en raison de sa ressemblance avec l'acteur Jean-Paul Belmondo. Il servait de boîte aux lettres. Il faisait entrer des téléphones ou du shit, souvent le dimanche, parce que c'est un jour où les surveillants ne pénétraient pas dans les cellules. Il n'y avait pas de parloir. Aucun mouvement. Pierrot le

Fou ouvrait la porte des cellules de l'étage où se trouvaient les dealers de la prison, puis il leur livrait la drogue. J'étais au courant, et tous les trois jours j'achetais une barrette de shit aux détenus qui se faisaient livrer par Pierrot le Fou. Par la suite, il s'est fait coincer.

Selon vous, combien de détenus fumaient-ils du cannabis à la maison d'arrêt de Saint-Joseph ?

Environ 80 %. À Lyon, pour être tranquilles, les surveillants fermaient les yeux sur tout. Plus d'une fois, le maton a ouvert la porte de ma cellule, il sentait le hasch. Et il ne se passait rien. Normalement, il aurait dû fouiller, à cause de l'odeur. Moi, je l'affirme, j'ai fumé davantage de cannabis en prison qu'à l'extérieur. Je n'avais que ça à faire !

Il y avait également des drogues dures, de la cocaïne et de l'héroïne. En plus petite quantité, c'est vrai. Mais il y en avait. J'ai vu un gars – un détenu arrivant – débarquer avec 60 grammes entre les fesses, 60 grammes d'héro ! Il avait réussi à les garder pendant les cinq jours de sa garde à vue. Je ne sais pas s'il les avait « incorporés », mais il a réussi à les passer. Pourtant, il a dû se faire fouiller trois ou quatre fois. Je n'exagère pas. J'ai vu la came ! Il a revendu une partie en prison… Comme je le connaissais très bien – c'était un gars de Chalon –, il m'a donné un peu d'héro que j'ai consommée en prison.

Dans le même registre, je me souviens d'un Kosovar qui m'a attiré vers lui au parloir et m'a montré l'intérieur de son survêtement. Il avait une savonnette de shit qu'il avait réussi à faire entrer. Pourtant, au parloir, lorsqu'on nous fouillait, on nous baissait le froc. Un maton avait été complice, c'est obligé ! La prison de Lyon était une passoire.

J'ai également réussi à avoir un téléphone portable. Dans la cellule, on me l'a échangé contre un paquet de Marlboro. J'ai appelé un de mes frères. Quelques jours auparavant, j'avais fait sortir une lettre à destination de Kamal par l'intermédiaire d'un ami. Missive dans laquelle je lui faisais comprendre que j'allais l'appeler dans la semaine. Le jour en question, vers minuit, ma belle-sœur a décroché.

« Allô ?

– Mon frère, il est là ? »

Nora a immédiatement reconnu ma voix. Je suis resté cinq minutes au téléphone. Mon frère croyait que j'étais dehors. Il y avait une précaution à prendre : au téléphone, on ne devait jamais donner les prénoms. On ne savait jamais si on était sur écoutes. Alors je lui ai dit :

« Allô, c'est moi ! »

Il a reconnu ma voix. Il m'a répondu :

« Alors, tu es sorti ?

– Non.

– Arrête de te foutre de moi ! D'où tu m'appelles ?

– Je t'appelle d'où je suis. »

Il a compris. Ensuite, il m'a passé ma belle-sœur, mes neveux, mes nièces. J'ai parlé avec eux cinq minutes. Ça m'a fait un bien !

Comment les portables entraient-ils en prison ?

Les amis des détenus les expédiaient par projection au-dessus du mur de la prison. Les téléphones étaient protégés par de la mousse enrobée de Scotch pour éviter qu'ils s'abîment à l'atterrissage ! Ils entraient également via le parloir, en pièces détachées. Les détenus pouvaient alors les glisser sous leurs aisselles. Le portable scotché sous les bras, cela passe inaperçu. En général, un surveillant sur deux vous fouillait à fond. Et les autres ne vous faisaient pas systématiquement lever les bras. Parfois, on pouvait faire entrer des portables par des gens qui n'étaient pas trop fouillés. Les détenus conservaient les puces dans le caleçon, au cas où il y aurait une fouille surprise. Au parloir, si on vous donnait une puce, vous pouviez la glisser sous la langue et le gardien ne voyait rien !

On buvait également de l'alcool au parloir. Il y avait du whisky dans les bouteilles de Yop. Des choses dissimulées dans les soutiens-gorge. On ne fouillait jamais les familles à l'entrée. On posait les sacs à main dans les casiers, mais on ne fouillait pas. Quand on sortait du parloir, tout le monde sentait l'alcool. Les surveillants le savaient, mais ils étaient cool. Les anciens fermaient les yeux sur tout.

Je me souviens d'un moustachu gentil. Je lui ai demandé :

« Est-ce que je peux aller enquiller dans une autre cellule ? » « Enquiller », cela signifie rendre visite à un autre détenu dans une cellule différente.

« Pourquoi ?

– Je dois aller récupérer du café et du papier à lettres. »

On y est allés tous les deux. Il a laissé la porte ouverte. Mon collègue a coupé le shit et m'en a filé un morceau. Devant le surveillant, qui a fait semblant de regarder ailleurs. J'ai mis le bout dans ma main.

« Dati, vous n'avez pas récupéré le café ? Allez, ouvrez votre main ! a dit le surveillant.

– Non, non…

– De toute façon, je le sais. Je ne suis pas idiot ! »

Et il m'a ramené dans ma cellule. Voilà l'exemple type du surveillant à la prison de Lyon. Il y en a un qui nous a même dit, en rigolant, alors que la cellule était enfumée par les joints : « Mais c'est un coffee-shop, ou quoi ? »

Les anciens, j'avais l'impression qu'ils étaient blasés, lassés de tout. Cela dit, si on doit parler sérieusement, ils ne faisaient pas leur boulot.

Est-ce que vous pensez que leur passivité était due au fait qu'ils voulaient le calme à tout prix ?

On peut dire ça. Ils s'en foutaient. Ils n'étaient pas loin de la retraite. Ils voulaient être peinards. Les jeunes n'étaient pas aussi laxistes que les plus âgés.

Les matons avaient aussi peur des représailles. Lyon était réputé pour avoir des détenus assez durs. Et les surveillants craignaient des menaces de la part des prisonniers, du style : « Tiens, tu m'as attrapé avec du shit, tu vas voir à l'extérieur ce qui va t'arriver. » Certains détenus arrivaient à obtenir les adresses des surveillants. Leurs noms, ce n'était pas difficile de les connaître. Puis, les détenus faisaient savoir à l'extérieur : « Surveille-moi ce maton. Il sort à telle heure de la maison d'arrêt. Suis-le. Regarde où il habite. Identifie sa bagnole. Crame-la. »

Les détenus pouvaient également lui expédier des lettres de menaces à son domicile. « Si tu fais chier tel détenu, tu vas voir ce qui va t'arriver ! »

La troisième raison de leur attitude cool, c'était la corruption. Il y a des surveillants qui se faisaient payer pour faire entrer des choses et pour fermer les yeux. J'ai connu un prof de sport qui n'était pas tout à fait net, et qui s'est fait virer ensuite. Il a servi de boîte aux lettres entre les familles et les détenus. C'était un mec sympathique.

Quelles relations les détenus entretenaient-ils entre eux ?

À la prison de Lyon, il y avait des détenus qui faisaient régner l'ordre. Leur ordre. Il y avait trois amis d'enfance, tombés pour un énorme trafic de stupéfiants entre le Maroc et Lyon. Deux d'entre eux avaient réussi à se faire embastiller dans le même endroit, puis l'un avait demandé au surveillant chef de faire venir le deuxième au même étage. Et cela avait fonctionné. Puis ils s'étaient retrouvés à deux dans la même cellule. Ensuite, grâce à la pression du même surveillant chef, les deux avaient réussi à faire muter le benjamin, âgé de 30 ans, d'une autre maison d'arrêt vers la prison de Lyon. Résultat ? Ils étaient tous installés au même étage. Un privilège.

L'un était chef à l'atelier, l'autre, contremaître. Ils recrutaient les travailleurs. « Embauchez-moi celui-là ! Celui-ci, vous le virez ! » C'est un énorme pouvoir, parce que si le détenu travaillait derrière les barreaux, il avait de l'argent. Sinon, il n'avait rien. Or là, c'est paradoxal, au lieu de faire travailler les prisonniers indigents, sans ressources, les trois copains faisaient trimer ceux qui étaient bourrés de fric ! Autrement dit, ceux qui recevaient des mandats de l'extérieur, dans tous les sens.

Au total, on était une quinzaine à travailler sous

les ordres des trois amis. On avait le droit d'emporter les cartons en cellule. Et ils nous mettaient le marché en main. « Tu fais des cartons à ma place, et en contrepartie, je te donne du shit. » Au final, chacun réalisait des cartons pour leur compte. En échange, on obtenait de la dope. Mais à la fin du mois, lorsque l'administration comptabilisait les cartons, c'étaient les trois qui encaissaient, sans avoir travaillé ! Ce petit manège, les matons le voyaient très bien : lorsqu'ils faisaient les salaires, il n'y avait que les trois copains qui récoltaient l'argent !

Avez-vous l'impression que certains caïds poursuivent leurs affaires en détention ?

Lors des parloirs « sauvages », oui. Ils donnaient leurs consignes par le mur : les gens en liberté se positionnaient derrière le mur de la prison, et appelaient le détenu. Ils hurlaient. Et le prisonnier répondait. On entendait : « Tu iras voir Untel, il faut que tu récupères tant » ; « L'autre va te payer dans trois jours »... De l'intérieur de la prison, ils arrivaient encore à contrôler leurs affaires à l'extérieur. Ils prenaient leurs précautions... Ils donnaient toujours des surnoms. Jamais d'identité réelle. Dans le style : « À l'autre, tu lui donnes ce que je t'ai dit. » « Combien je lui donne ? 1, 2, 3 ? » Traduire : 1, 2, 3 kilos ? En général, les donneurs d'ordres, c'étaient des grossistes du trafic de stupéfiants. Ce n'étaient pas les simples revendeurs de barrettes.

D'anciens gros dealers n'avaient pas besoin des parloirs sauvages. Ils avaient leur téléphone portable. Dans leur cellule, j'ai vu des morceaux de cannabis gros comme ma main prêts à être coupés en barrettes ! Or, bizarrement, leurs cellules n'étaient jamais fouillées. Mieux : dans le cas d'une fouille surprise, ils étaient les premiers informés ! Avec la complicité du personnel pénitentiaire, j'en mets ma main au feu. On n'est pas devin. Eux venaient nous voir systématiquement pour nous alerter : « Faites attention, demain ou après-demain. Il y aura une fouille ! » Donc on se préparait. Les téléphones portables étaient démontés, planqués dans une autre cellule. C'était toute une organisation.

Maintenant, je ne dis pas que tous les surveillants de toutes les prisons françaises sont corrompus. Je ne sais pas. J'ai été incarcéré à Lyon et à Varennes. À Varennes-le-Grand, c'était plus strict. À Lyon, on sentait la marijuana dans les couloirs. C'est peut-être difficile à croire, mais c'était ainsi. Pour le reste, je ne veux pas vous mener en bateau en affirmant que j'ai vu des armes. Non, ce n'est pas vrai. Quant à l'argent, il entrait soit par les parloirs, soit par les projections. Pour faire des magouilles, précisément.

Pourtant, certains parloirs sont sonorisés.

Oui, mais les nôtres étaient dépourvus de micro. On le savait. Aujourd'hui, ils ont peut-être aménagé ça. Je ne sais pas.

Chapitre 18

« BARBUS »

En prison, avez-vous été approché par des islamistes ?

Oui. Je les voyais tous les jours en détention, dans la prison de Lyon, où près d'un quart des détenus faisait la prière. Ils prêchaient la bonne parole. Les Frères musulmans m'abordaient lors de la promenade avec un discours traditionnel : « Il faut faire la prière. Il faut que tu arrêtes tes conneries. Il n'y a que la religion qui peut te sauver. Si tu sors demain, il faut que tu ailles à la mosquée... »

Ils me rappelaient les péchés à ne pas commettre. « Trafiquer la drogue, voler, ce n'est pas bien ! Tu as besoin qu'on t'aide ? Ce ne sont pas les médecins qui pourront faire quoi que ce soit ! Ce n'est pas la société qui va t'aider. Tu zones, tu galères. Ta seule porte de sortie ? C'est la religion. Tu seras sain de corps et d'esprit si tu fais la prière. Tu es obligé de faire la prière. On ne te laissera pas tomber. Nous, on te soutient. »

Ce n'était pas la première fois que les Frères musulmans tentaient de m'approcher. J'avais vu ces islamistes à l'œuvre dans les quartiers lorsque j'étais encore en liberté. Ils apportaient la « bonne parole », comme on dit, aux brebis égarées, aux trafiquants, aux voleurs... Beaucoup avaient été convaincus. À Saint-Priest, dans la banlieue lyonnaise, une dizaine de Frères partaient « à la pêche » tous les jours. Je connaissais deux musulmans et un « Français » qui s'étaient convertis en prison après avoir entendu leurs discours. Ils avaient le don d'arriver à convaincre les hors-la-loi. Ils leur répétaient sans cesse que les activités illégales sont « péché ». Le prêche de ces religieux pouvait parfois se révéler bénéfique. Ils ont réussi à remettre certains délinquants dans le droit chemin. Parmi les trois personnes converties dont je parle, l'une a complètement arrêté le trafic de drogue.

Durant ma détention à Lyon, j'ai assisté à une conversion express... Un trafiquant de voitures volées s'est converti en l'espace d'un mois ! C'était l'un de mes deux codétenus. Il connaissait l'un des Frères musulmans, originaire de sa cité. En quatre semaines, ils ont obtenu de lui qu'il fasse ses cinq prières quotidiennes dans la cellule.

Avec mon autre codétenu, on ricanait un peu... « Regarde, nous, on est des Arabes purs et l'on ne fait même pas la prière ! Lui, il est moitié français, moitié arabe, il ne sait même pas parler arabe, et il fait la prière. » On charriait le nouveau converti. « C'est lui qui nous montre l'exemple. » En l'espace d'un mois, il avait appris les sourates *[versets du Coran]* et, comme un bon musulman pratiquant, il faisait ses ablutions *[le Coran fait obligation de se laver certaines parties du corps, sinon la prière n'est pas valide]*.

Moi, ils ont tenté de m'accrocher au moment de la disparition de maman. À ce moment-là, je me suis senti fragile, faible. Et j'en voulais au monde entier. Je n'avais plus de repères. J'avais besoin de croire en quelque chose. De me raccrocher à quelque chose. Précisément, c'est souvent à l'occasion du décès d'un proche, d'une séparation, d'une difficulté que les détenus se faisaient accrocher par les Frères musulmans. En prison, il y avait beaucoup de gens perdus. Quand les détenus tombaient sous leur aile, il y avait une chance sur deux pour qu'ils finissent conditionnés…

Lorsque maman est morte, ils ont tout de suite détecté ma faille. À ce moment-là, ils m'ont apporté le Coran. Ils m'ont fait passer des cassettes religieuses. Je les écoutais toute la journée. Ça me faisait du bien d'entendre les versets. Les Frères musulmans passaient souvent me voir. Ils tentaient de me convaincre. « Tu ne t'en sortiras qu'avec la religion ! » J'avais presque fini par le croire. Je me disais : « C'est vrai, ils n'ont pas entièrement tort. Ils disent des choses sensées. »

À ce moment-là, il me restait trois semaines à tirer. Mais si j'étais resté un peu plus longtemps incarcéré, honnêtement, je crois que j'aurais basculé dans l'islamisme…

Pourquoi les Frères musulmans étaient-ils incarcérés ?

La plupart des « barbus » étaient là pour appartenance à des cellules terroristes ou pour séjour irrégulier. Je connaissais les cinq ou six Frères musulmans qui se promenaient avec leur longue barbe et la tunique blanche. Ils étaient plutôt jeunes, entre 30 et 35 ans. L'un d'entre eux était gamelleur. Tout le monde le voyait à l'occasion de la distribution des repas.

Quelle était la nature de leur discours ?

C'était à peu près le même discours à l'intérieur et à l'extérieur de la prison. Je n'ai jamais entendu des appels à poser des bombes. Mais ils critiquaient les mécréants – les juifs et les chrétiens. Il ne fallait pas se marier avec eux. Il ne fallait pas travailler avec eux. C'était le genre de leurs discours. Ils affirmaient : « La meilleure religion, c'est la nôtre ! La plus forte, c'est la nôtre ! »

Ils ne disaient pas directement « faut tuer tout le monde ». Pour accrocher quelqu'un, on ne peut pas exiger de lui qu'il pose des bombes dès le lendemain. Sinon, on l'effraie. Ils y allaient tout doucement, en l'invitant à la mosquée pour manger le couscous. Ils discutaient. C'était comme un apprentissage spirituel. Mais le fond de leur prêche restait dur envers les chrétiens et les juifs, de qui étaient censées venir toutes les perversions. Et ils insistaient sur le repentir. Dieu pardonne, même si tu t'es drogué. Ils enseignaient que Dieu est tolérant et que le chrétien, comme le juif, est ignorant. Et que ces derniers ne pardonnent pas, alors que le musulman va pardonner. Ce n'étaient pas des discours de tolérance. Le mec conditionné de cette façon en détention, une fois remis en liberté, il avait la rage !

Moi, j'ai toujours été contre le terrorisme. J'ai une opinion tranchée là-dessus. L'islam ne dit pas : « Tu vas tuer ! » Au nom de la religion, on ne tue pas les gens. Tout ce qui est GIA, pour moi c'est de la merde ! Cela ne nous apporte que des problèmes, à nous, musulmans de base. À une époque, pour les gens, l'Arabe était un terroriste. Aujourd'hui, ils comprennent mieux…

Le vrai musulman doit accepter l'autre. Le Coran ne te demande pas d'aller exterminer des gens, il prêche la paix.

Estimez-vous être un bon musulman ?

Dès l'instant où j'ai vendu de la drogue, je ne suis pas sûr d'être un bon musulman. Seul Dieu a le droit de me juger. J'ai commis beaucoup d'erreurs. Chacun a le droit aussi au pardon.

À la sortie de prison, comment votre réinsertion s'est-elle passée ?

J'ai galéré trois mois. Puis, par l'intermédiaire de mon frère Kamal, j'ai trouvé un petit boulot pour nettoyer les bus. Après, je me suis retrouvé sans emploi.

J'ai alors lancé un appel au secours à ma sœur Jamila : « S'il te plaît, dis à Rachida qu'elle me trouve un centre de cure. » Un SOS resté sans réponse. J'avais encore des problèmes de drogue. Je voulais décrocher, mais je n'avais pas réactualisé ma CMU.

Ensuite, j'ai habité un moment chez ma sœur Malika. Puis j'ai pris pendant un an une chambre dans un foyer à Pompey, près de Nancy.

Durant cette période difficile, perdu dans ma solitude, j'ai fait la connerie de sniffer à nouveau. Je tapais un rail de temps en temps, même si je n'en avais pas les moyens. Je n'avais plus confiance en moi. Je replongeais. En 2004, je me suis drogué à nouveau avec un mec rencontré par hasard.

Entre-temps, j'ai supplié mon entourage familial de me trouver un emploi. Ça a pris entre six et dix mois. C'est à cette époque que j'ai rencontré Maïlys, ma compagne actuelle, qui résidait à Nancy. Finalement, ma sœur Jamila m'a trouvé un contrat à durée déterminée à la Générale des eaux, grâce à ses relations professionnelles. Six mois dans une station d'épuration à Nancy, pour un salaire de 890 euros par mois. Ensuite, je suis retombé au chômage. Comme Maïlys voulait s'installer à Verdun, j'ai relancé mes sœurs pour être muté là-bas. J'ai demandé à Rachida si je pouvais avoir un emploi. Ma compagne les a suppliées : « Faut absolument l'aider. Il est au chômage, sans argent, en pleine déprime. Il va craquer. Retomber dans la délinquance. »

Je ne remercierai jamais assez Maïlys de m'avoir soutenu dans cette terrible épreuve. Sans elle, je replongeais définitivement dans la dope. Finalement, c'est Fathia qui m'a rappelé pour me demander de faire un dossier afin de postuler à La Sade, une entreprise d'assainissement de canalisations, où je travaille toujours.

Parallèlement, de mon propre chef, j'ai tenté de décrocher, car je tapais occasionnellement. Je suis allé consulter un médecin pour un traitement. J'ai démarré à 8 milligrammes de Subutex. Et je me suis lancé dans une thérapie qui dure jusqu'à maintenant.

Mais, fragile, je retombais parfois…

Au bout du compte, j'ai vraiment souhaité en finir avec la drogue. J'étais motivé, car j'avais enfin du boulot. Si ma sœur ne m'avait pas trouvé de job, je ne sais pas comment j'aurais terminé. Le boulot m'a énormément aidé dans ma reconstruction. Professionnellement, je fais mes preuves. Cela fait cinq ans que j'y suis. Un record. C'est la première fois que je reste aussi longtemps au même poste.

Je suis devenu canalisateur. Un ouvrier spécialisé qui réalise tous les jours un boulot méconnu : faire en sorte que vous ayez de l'eau qui coule dans votre robinet. C'est parfois beaucoup de travail ! Il y a beaucoup de canalisations à retirer, à réparer. J'apprécie ce boulot. Je m'y suis complètement investi.

En 2007, notre vie privée a été bouleversée. Ma compagne, qui était plutôt menue, avait brusquement pris de la poitrine… Elle a fait un test. Elle était enceinte… J'étais aux anges ! J'allais redécouvrir la paternité. C'était fort et beau… Noah, notre fils, a vu le jour le 15 mai 2007 à Briey. Juste après la présidentielle. Un prématuré de 1,7 kilo. Il est resté deux mois à la maternité de Metz. Le pauvre avait des fils dans tous les sens ! Chaque soir, je passais le voir dans sa couveuse. Je faisais 120 kilomètres par jour, sans compter les kilomètres effectués au boulot. Chaque soir, j'avais 250 kilomètres dans les pattes ! Mais je m'en fichais. Je voulais être présent et attentif. Côté drogue, j'avais totalement décroché. Je prenais mon traitement. Je reconstruisais ma vie brique par brique. Je croyais mes problèmes judiciaires résolus, puisqu'en février 2007, je n'avais pris que du sursis. C'était compliqué, mais j'espérais y arriver…

C'était juste avant la tornade de la cour d'appel de Nancy, qui nous a balayés en juillet 2007, quand les juges m'ont finalement condamné à de la prison ferme.

Chapitre 19

PLACE VENDÔME

« J'avais un petit cahier. J'avais noté tous les engagements du président et je cochais. »

Dati, l'ambitieuse, Arte, 3 mars 2009.

« Je fais ce qu'il me demande [...]. Il est mon unique inspiration. »

Rachida Dati,
Le Nouvel Observateur, 5 février 2009.

Rachida avait confié à la famille que Simone Veil lui avait recommandé une carrière : « Tu as un tempérament, un caractère. Je te verrais bien magistrate. » Rachida appréciait énormément cette femme, qui ressemble à maman. Mêmes traits de visage. Coiffure identique. Lors des réunions familiales, Rachida n'arrêtait pas de louer son humanisme. Une dame très bien. Presque comme une seconde mère pour elle. Lors du décès de maman, Simone Veil a été très présente pour soutenir ma grande sœur. Parce que Rachida est aussi fragile. Elle a craqué lors de l'enterrement de maman. Elle a fait une crise lorsqu'on a mis le corps en terre. Je comprends cette émotion, surtout moi, qui n'étais pas avec eux dans ce moment si douloureux…

Lorsqu'elle est effectivement nommée juge, après un passage en tant qu'auditrice de justice à Bobigny, que faites-vous ?

Je suis en prison. *(Sourire.)*

Ma sœur est juge, et moi en taule à Lyon. Plus sérieusement, pendant mon incarcération, elle était substitut du procureur de la République d'Évry. Je n'ai plus eu aucune nouvelle d'elle pendant dix-huit mois. Je n'ai pas reçu de mandat de sa part. Ce sont mes autres frères et sœurs qui m'expédiaient de l'argent, qui m'écrivaient, qui me soutenaient.

Comment expliquez-vous ce silence aujourd'hui ?

Comme elle était juge, elle ne voulait pas se salir avec son frère détenu. Ou ne pas se compromettre. En détention, je n'ai confié à personne que ma sœur était magistrate. Heureusement. Sinon, on m'aurait tué. On me mettait à l'isolement, et c'était fini ! J'aurais eu le droit à la correction de ma vie. Chaque jour, je priais pour que personne ne le découvre.

Aujourd'hui, si je suis de nouveau incarcéré – mon plus grand cauchemar –, je serai d'office placé à l'isolement, pour me protéger. Les autres détenus ne chercheraient même pas à comprendre… Ils me feraient la peau. Et ce n'est pas de la paranoïa !

Avez-vous réclamé de l'aide à votre sœur magistrate lorsque vous étiez délinquant ?

C'était inutile. Je savais qu'elle ne se serait jamais mouillée pour moi. Elle ne m'a même pas conseillé un avocat. À l'époque, je pense qu'elle avait peur que l'on apprenne que son frère était hors la loi et toxicomane. Plus tard, elle aura honte de son frère. Ça la gêne. Ça se voit.

Rachida n'était pas une « juge à poigne » ! Certains magistrats ont raconté que ma sœur n'était pas une magistrate ultrarépressive mais, au contraire, humaniste. Cela confirme ce que je savais déjà. À l'époque où elle exerçait les activités de juge d'application des peines à Péronne, dans la Somme, entre 1999 et 2001, maman m'a livré une anecdote. Elle m'a dit que la juge Rachida Dati pensait à moi lorsqu'elle était confrontée à des mineurs hors la loi, lorsqu'un jeune délinquant lui faisait face dans son bureau. Elle avait des remords à être extrêmement sévère. « Lorsque les délinquants me racontent leurs histoires, j'ai l'impression d'entendre Jamal, avait-elle confié à maman. Je ne peux pas trop les sacquer. Lorsqu'ils pleurent et qu'ils me disent : "Ma mère va souffrir si on me met en prison." »

Depuis, ma sœur a bien changé !

Avez-vous eu des contacts réguliers avec votre sœur lorsqu'elle était conseillère de Nicolas Sarkozy ?

Elle a commencé à couper les ponts aux alentours de 2007. Je ne pouvais plus la joindre sur son portable. Mes sœurs m'avaient donné cette consigne lorsque Rachida travaillait au cabinet de Sarkozy, avant la campagne électorale. Moi, j'ai accepté pour ne pas la… gêner, on va dire.

Vous avez été un mineur récidiviste. Votre sœur garde des Sceaux, avant d'être désavouée par le Premier ministre, a imaginé l'incarcération des jeunes à partir de 12 ans. Qu'en avez-vous pensé ?

C'était nul ! Totalement ridicule ! Un jeune de 12 ans en prison va se faire violer par des mineurs de 16 ou 17 ans qui sont parfois aussi costauds que des hommes de 20 ans. Avec ce genre de proposition, on va droit dans le mur. Dans une prison, le gamin va tomber sur des plus grands qui vont lui dire : « Il faut que tu voles comme ça ! » Ils lui apprennent toutes les ficelles de la magouille. La prison, c'est un centre de formation pour la magouille. Surtout les centres de mineurs. Dans ces endroits, on laisse les jeunes se former mutuellement à devenir des délinquants. Et pourquoi pas les mettre derrière les barreaux à 10 ans, pendant qu'on y est ?

Entre 12 et 17 ans, ce sont des enfants avec des

mentalités d'enfants. Ils veulent s'affirmer. La prison devient une référence. C'est à celui qui passera le plus de temps derrière les barreaux. Un jeune de 12 ans n'a rien à faire en prison. Pourquoi pas un foyer ? Il doit aller dans un centre avec des éducateurs. Des gens qui le surveillent. Pas en prison. En prison, les matons ne vous surveillent pas. Ils vous laissent livré à vous-même. C'est pour ça que François Fillon a bien eu raison d'intervenir pour stopper cette initiative. Sinon, le gouvernement aurait commis une sacrée boulette !

Qui aurait fait une sacrée boulette ? Votre sœur ?

À mon avis, c'est Sarkozy qui a dit à ma sœur de faire cette loi. C'est Sarkozy qui la commandait, comme un patron le fait avec ses ouvriers. Les lois mises en route par ma sœur, tout le monde le sait, c'était le projet de Sarkozy. Cela dit, je le reconnais, durant sa campagne électorale, il n'a jamais promis l'incarcération des mineurs de 12 ans. Alors ? Je veux bien croire que dans cette affaire, ils étaient responsables tous les deux…

Votre sœur s'était lancée dans une réforme de la « pénitentiaire ». En tant qu'ex-détenu, une réforme vous apparaît-elle indispensable ?

Cela peut paraître invraisemblable, mais c'est véridique : ma sœur juge ou ma sœur garde des Sceaux ne m'a jamais demandé quoi que ce soit sur la vie carcérale, malgré mes passages en prison. Sinon, je lui aurais volontiers raconté le quotidien, donné mon avis.

Pour ce qui est de la réforme de la pénitentiaire, il faudrait revoir un nombre incalculable de choses. Reconstruire les douches. Refaire les sanitaires, c'est important. Vous savez, c'est tellement humiliant ! C'est un minuscule détail parmi tant d'autres. La surpopulation carcérale ? Une cellule avec trois détenus, c'est invivable ! Il faudrait également revoir le principe même de l'incarcération de certains. J'ai vu des vieux chauffards derrière les barreaux, des récidivistes qui n'ont pas forcément tué quelqu'un lorsqu'ils étaient ivres au volant. La prison, ce n'est pas leur place. Les alcoolos, on devrait les obliger à faire une cure. Une cure, c'est difficile à tenir. Cela réclame des efforts. Il faut être souple avec ces gens-là... Comme avec les drogués. Surtout les consommateurs. Faut les aider, pas les persécuter. En contrepartie, pour le suivi des soins, il faudrait être plus sévère.

Votre sœur a-t-elle été, selon vous, un bon garde des Sceaux ?

La politique qu'elle a menée ne cherchait pas à comprendre, cela se résumait à une politique de fermeté. On te met en prison, point barre. Selon moi, aujourd'hui, la justice fonctionne mal – et j'en ai été témoin. J'appréciais Élisabeth Guigou par exemple pour avoir imposé la présence de l'avocat dès la première heure de garde à vue. Elle m'apparaissait comme plus humaine. Dans le rôle de ministre de la Justice, j'ai préféré Élisabeth Guigou à ma sœur...

J'ai trouvé Rachida trop répressive. Ma sœur a réalisé des réformes extrêmement sévères, comme son projet de loi sur les peines plancher. Plus elle présentait des lois dures, plus je m'interrogeais : « Pourquoi n'est-elle pas plus compréhensive ? » D'autant plus compréhensive qu'elle a eu un frère qui a connu la délinquance et la prison... Bien sûr, on ne doit pas tout pardonner. Mais il y a des limites... Avec les lois mises en place par ma sœur, alors que je ne fais rien d'illégal, je finis par avoir peur de tout ! Sincèrement, en plus, je ne pense pas que ses réformes aboutissent à quelque chose de positif. On ne va pas réduire la délinquance. Il y a trop de répression. Or, la prévention aide beaucoup un jeune.

On prête ce commentaire à Édouard Balladur, au sujet de votre sœur : « Elle est incompétente. »

Je ne peux pas dire qu'elle soit incompétente. Elle est intelligente. Mais j'ai eu cette impression qu'avec les lois sorties par Rachida, on allait droit dans le mur ! Lorsqu'on met en place une nouvelle loi, on doit voir son intérêt. Les peines plancher, par exemple, qui visent les récidivistes, on peut les assimiler à une double peine. On vous allume encore plus sévèrement. Est-ce que cela va permettre de freiner la délinquance ? D'en terminer avec les récidivistes ? Très sincèrement, je ne le crois pas. Ce n'est pas en créant des peines plancher que l'on va désengorger les prisons. Ce n'est pas en préconisant l'incarcération dès 12 ans que l'on va traiter correctement le dossier de la surpopulation carcérale. On tourne en rond !

Pensez-vous que la carrière politique de votre sœur va durer ?

Je lui souhaite. Qu'elle redevienne ministre de la Justice, ou ministre ailleurs, ou présidente, peu m'importe ! Je ne lui souhaite que du bien. C'est ma sœur avant tout. Par nature, je ne suis pas rancunier.

Chapitre 20

LA MORT DE MAMAN

« Ma mère était la lumière de ma vie. Quand je l'ai perdue, je pense avoir été punie. »

Rachida Dati,
Le Nouvel Économiste, 6 septembre 2007.

Le 10 mars 2001, incarcéré à Lyon, alors que j'ignorais que maman venait de mourir, j'ai bu trois, quatre verres de whisky et fumé des joints. Vers minuit, mes collègues dormaient. Moi, je n'y arrivais pas, alors que j'étais bien défoncé. Impossible de fermer l'œil jusqu'au dimanche matin. Au moment où le sommeil a commencé à me prendre, vers 7 heures, j'ai entendu la porte de la cellule s'ouvrir.

« Dati, parloir avocat. »

J'ai patienté vingt minutes. On m'a appris que ma mère était décédée. À 1 heure de l'après-midi, j'ai été extrait. Les gendarmes sont venus me chercher. C'est ma sœur Rachida qui avait tout fait pour que je sorte le dimanche, parce que le corps repartait à destination du Maroc le lundi. Avant qu'elle soit enterrée, il fallait que je voie maman. C'était essentiel.

Qu'entendez-vous par : « Rachida avait tout fait » ?

Elle avait pris contact avec mon juge. Le magistrat s'était mis d'accord avec elle. « Je vous le laisse, sous votre responsabilité. » Habituellement, on ne peut pas être extrait facilement... Mais pour un décès ? Sans doute que sans l'intervention de Rachida, mon juge ne m'aurait pas autorisé... Il était assez sévère. C'est un service énorme que ma sœur m'a rendu. Je ne me serais jamais remis de ne pas voir maman sur son lit de mort. Le directeur et la sous-directrice ont été très discrets par la suite. Le surveillant chef n'a pas été informé, ni de la profession de ma sœur ni de ce qui s'était passé.

Donc, vous allez voir votre mère.

On a fait la navette jusqu'à Chalon. On m'a enlevé les menottes à l'entrée de l'hôpital. Les gendarmes m'ont fait confiance. Ils ont été très humains. Je n'allais pas me sauver. Mon père était à mes côtés. Mes sœurs m'ont dit qu'elles ont vu pleurer papa pour la première fois de leur vie. Je suis resté une demi-heure avec maman, à l'embrasser un peu partout pour lui dire au revoir. À la sortie de la morgue, mon père m'a pris par l'épaule : « C'est cela, la vie. Il faut avoir du courage. »

C'était la première fois qu'il me parlait de cette manière. Avec autant de douceur. J'aurais rêvé être en liberté. J'aurais tellement aimé accompagner maman au Maroc, une dernière fois.

C'est un souvenir qui vous hante ?

C'est resté le moment le plus difficile de ma vie. J'y pense tous les jours. Je vis avec cette disparition en moi. Maman était malade et je ne le savais pas. Je la voyais se rendre à l'hôpital, mais j'ignorais qu'elle était atteinte d'un cancer. Elle me disait qu'elle avait le diabète. Elle cachait sa maladie pour ne pas m'inquiéter. Tous mes frères et sœurs étaient au courant… sauf moi ! J'ai appris son cancer après une hospitalisation. Elle n'avait plus beaucoup de cheveux sur la tête – les effets secondaires du traitement. C'est à ce moment-là que je me suis rendu compte qu'elle suivait une chimiothérapie. J'ai paniqué ! Elle est décédée trois semaines avant ma libération.

Est-ce que vous vous interrogez pour savoir si votre mère – si elle était vivante – serait fière de votre réinsertion ?

J'espère. J'ai l'impression que mon père, lui, me voit encore comme un délinquant. Il ne me fait toujours pas confiance. Je ne suis pas considéré comme les autres. Pourtant, maman n'a jamais arrêté de lui répéter : « Jamal n'a pas eu de chance dans la vie. Mais c'est le meilleur ! » Je pense que maman serait fière de son fils, après tout ce que j'ai enduré !

Une fois – était-ce une hallucination ? – j'ai senti sa présence, au cimetière. J'ai embrassé la pierre tombale de chaque côté pour lui dire bonjour. Et j'ai senti son parfum ! Un parfum de chez Dior, qu'elle portait toujours. Une sensation étrange... Ma sœur Malika porte le même parfum. Une fois, alors que j'étais invité chez elle, je me suis dit : « Tiens, cela sent maman ! »

Cette disparition est pour moi une blessure inguérissable. Auparavant, j'étais toujours d'une nature joyeuse. Je riais facilement. Depuis la mort de maman, mes émotions fortes ont disparu. Je ne suis ni satisfait ni joyeux... Je travaille là-dessus avec ma psy, qui me dit que c'est le choc émotionnel. Je pense qu'elle n'a pas tort. Cette mélancolie quotidienne est un peu paradoxale. Je devrais être heureux. Avant, je rêvais de la vie que j'ai aujourd'hui, avec un CDI qui me permet d'être libre, d'arrêter mes conneries, d'obtenir un crédit, une carte bancaire, de m'acheter une voiture... D'exister, en quelque sorte ! Or aujourd'hui, je n'ai pas l'impression d'exister. Pourtant, tout ce que ma maman m'avait demandé – obtenir un emploi stable, notamment –, je l'ai réalisé.

Dans la religion musulmane, comment considère-t-on la mort ?

On affirme que cela fait partie de la vie, mais je ne l'accepte pas. Je n'accepte pas la disparition de ma mère, qui ne tombait jamais malade, et qui est partie à l'âge de 65 ans.

Est-ce que vous diriez que c'est la seule qui a toujours cru en vous ?

Je ne sais pas… *(Un silence.)* J'ai du mal à en parler.

Est-ce que vous avez gardé quelque chose d'elle ?

J'ai une alliance que je porte et une robe que ma sœur Malika a gardée pour moi… Je l'ai mise de côté. Un vêtement que maman avait confectionné. J'ai aussi conservé deux oreillers cousus de sa main. Ma sœur Fathia m'a demandé de ne pas regarder de cassettes vidéo où l'on voit maman. Elle a raison. J'ai peur. J'aimerais, et en même temps j'ai une certaine crainte à l'idée de visionner ces images de fêtes de famille. Je ne peux pas prévoir ma réaction. Cela doit être étrange de revoir sa mère à la télé.

Où repose-t-elle ?

Au Maroc, à Casablanca. Comme ses teintes préférées sont le vert bouteille et le blanc, toute sa tombe est peinte de ces deux couleurs. Rachida s'occupe de l'entretien du monument, par l'intermédiaire d'un jardinier payé qui pose des petites fleurs sur sa tombe.

Si vous receviez une baguette magique aujourd'hui, que feriez-vous ?

Je ferais revenir ma petite maman. C'est la seule chose dont j'ai envie. Noah, notre petit garçon, qui ne verra jamais sa grand-mère vivante, est constamment en train de lui faire des petits bisous sur la grande photo à la maison. Il comprend que c'est sa grand-mère, puisque je lui dis : « C'est mamie, la maman de papa. » Il embrasse tout le temps la photo, pour me faire plaisir. C'est beau… Je suis sûr qu'elle l'aurait chouchouté. Déjà parce qu'il me ressemble beaucoup.

Mes sœurs me disent parfois : « Maman te voit. » Mais existe-t-il vraiment un paradis ?

Voilà, le voyage est terminé. Je dédie cet ouvrage à ma mère. J'espère qu'elle est fière de moi.

Je me suis sorti de mes épreuves. Je ne souhaite à personne d'affronter l'enfer dans lequel je me suis retrouvé.

On m'a souvent mal compris, et peut-être mal aimé. Mais il est temps de pardonner.

Je suis tombé par ma faute. J'ai failli. J'ai payé. J'espère avoir maintenant le droit au respect.

Que mon père, mes frères, mes sœurs sachent que je ne voulais pas les blesser. Ils sont miens et je les aime.

Je souhaite à mes enfants un avenir moins dur que mon passé.

Jamal Dati,
Piennes, septembre 2009.

Remerciements

Je remercie maître Berna, Xavier Bénéroso et Mireille Paolini qui ont su me soutenir et m'encourager dans les moments difficiles qui ont ponctué l'écriture de ce livre. Cela n'a pas été simple pour eux non plus.

Table des matières

Photocomposition Nord Compo

Cet ouvrage a été imprimé en France par
CPI Bussière
à Saint-Amand-Montrond (Cher)
pour le compte des Éditions Calmann-Lévy
31, rue de Fleurus, 75006 Paris
en septembre 2009

N° d'édition : 14763/01 – N° d'impression : 092613/1
Dépôt légal : septembre 2009